JEAN DARLÈS, M. S. T.

GLOSSAIRE
raisonné
DE LA
THÉOSOPHIE
du Gnosticisme et de l'Ésotérisme

BIBLIOTHÈQUE DE LA CURIOSITÉ
PARIS
LIBRAIRIE DU XX⁰ SIÈCLE
1910
Tous droits réservés

GLOSSAIRE raisonné DE LA THÉOSOPHIE
du Gnosticisme et de l'Esotérisme

JEAN DARLÈS M. S. T.

GLOSSAIRE
RAISONNÉ
DE LA
THÉOSOPHIE
du Gnosticisme et de l'Ésotérisme

BIBLIOTHÈQUE DE LA CURIOSITÉ
PARIS
LIBRAIRIE DU XX° SIÈCLE
1910
Tous droits réservés

AU LECTEUR

Un très grand nombre de lecteurs orientalistes et théosophes, qui ne sont point familiarisés avec les termes sanscrits de la Théosophie, du Gnosticisme et de l'Esotérisme, nous ont manifesté, à diverses reprises, le désir de posséder un ouvrage leur donnant la signification exacte de nombreux termes en usage aujourd'hui dans les ouvrages théosophiques, c'est pourquoi nous nous sommes décidés à la publication du présent Glossaire, auquel nous avons ajouté l'explication des termes du Gnosticisme, car beaucoup de personnes s'occupent aujourd'hui de l'Eglise Gnostique et de ses cérémonies.

Bien que fort synthétique, notre œuvre de longue haleine, nous a demandé un travail long, pénible et consciencieux, duquel nous nous trouverons largement dédommagés, s'il peut, comme nous le pensons, être de quelque utilité à nos lecteurs.

Jean DARLÈS.

GLOSSAIRE RAISONNÉ

DE LA THÉOSOPHIE, DU GNOSTICISME ET DE L'ÉSOTÉRISME

A

Abaya. — Qualificatif donné à chaque Buddha; ce terme signifie littéralement, sans crainte (alpha privatif et Baya crainte). Par dérivation, il signifie courage, intrépidité; c'est le fils de *Kharma;* c'est la religion du devoir.

Abayagiri. — Nom d'une montagne de Ceylan, dénommée Mont du Courage, sur lequel existe un ancien monastère (Vihâra) fondé par un Chinois du nom de Fa-hien. Dans ce monastère se trouvaient cinq mille Bouddhistes, prêtres ou ascètes; il existait aussi sur ce mont, une Ecole philosophique dénommée de la Forêt secrète en Sanskrit *Albayagiri* ou *Abayagiri Vasinah*.

ABHAMSI, sanskrit. — Nom mystique qui embrasse quatre ordres d'êtres: les Dieux, les Démons, les Pitris et les hommes.

Divers orientalistes donnent à ce terme le sens de: *Des Eaux* (les eaux de l'espace); de son côté, la *Doctrine Esotérique* allie ce terme avec celui d'*Akasa;* V. ce mot.

ABHAVA, sanskrit. — Négation ou non être d'objets individuels; Abhava est la substance nouménale ou l'objectivité abstraite.

ABHAVARA. — Les Dévas ou Dieux de la lumière qui planent au-dessus des régions du plan céleste du second Dhyana. — Cette classe de Dieux, au nombre de soixante-quatre, représente non seulement un certain cycle, mais aussi un nombre occulte.

ABIDHARMA. — Partie métaphysique du *Tripitaka;* c'est la troisième; c'est le véritable travail philosophique Buddhique de Katyâyana.

ABHIJIT. — Une des maisons lunaires.

ABHIJNA. — Les six dons naturels que Sakya-Muni Buddha acquit dans la nuit pendant laquelle il atteignit au Savoir Buddhique. C'est le quatrième degré de Dhyana (le septième enseignement ésotérique) et auquel peut arriver tout véritable Arahat, ou Sage.

ABHIMANIM. — Nom sanskrit d'*Agni* (le feu), l'aîné des fils de Brahma. — C'est aussi la force, la vigueur qui produit l'évolution de l'Univers. — De sa femme Swaha, Abhimanim eut trois fils ou feux : Pavaka, Pavainana et Sachi ; et par ceux-là quarante-cinq descendants, qui avec le fils primitifs de Brahma et trois de ses descendants, constituent les quarante-neuf de l'occultisme.

ABHINANA. — Discernement ; un des cinq attributs psychiques de l'Arahat. (Voy. ce mot).

ABHINIVESHA. — Nom technique de cette faiblesse de l'esprit qui cause la crainte de la mort. — C'est une des cinq misères du yogi.

ABRAXAS. — Pierre ou gemmes taillées de formes très diverses, sur lesquelles se trouvent gravé le mot *Abraxas* ou *Abrasax*, ou autres formules ou signes symboliques. — On les nomme aussi Pierres ou gemmes *Basilidiennes*, parce qu'elles étaient des symboles pour les Gnostiques.

Certains peuples les considéraient comme des amulettes magiques contre certaines maladies et contre les influences démoniaques. Une superstition, pourrions-nous dire éclectique, puisqu'elle est un mélange des croyances religieuses helléniques, égyptiennes et syriennes, crée même une figure panthéistique sous le nom de Jaobraxas. Du reste, ces pierres portent diverses empreintes : des figures cabalistiques, les signes A et Q ou le mot IAQ, qui désigne l'Etre suprême. — Cf. Dictionnaire général de l'Archéologie et des Antiquités chez les divers Peuples, par E. Bosc, un vol. in-12 illustré de 450 gravures intercalées dans le texte. Paris, F. Didot Cie.

AB-SOO. — Terme chaldéen ; nom mystique de l'espace signifiant la demeure de Ab, *le Père*, ou la tête de la source des eaux de la connaissance, dont la science est cachée dans l'espace invisible ou Région Akasique.

ACHAMOTH. — Terme gnostique qui désigne le nom de la seconde Sophia. Sa signification ésotérique d'après les Gnostiques, désigne l'aîné de Sophia, qui était le Saint-Esprit (le saint fantôme féminin) ou *Sakti* de l'Inconnu ou l'Esprit divin, tandis que Sophia Achamoth est la personnification sous l'aspect féminin de la force mâle créatrice de la nature.

C'est aussi la *Lumière astrale*.

Acharya. — Terme synonyme de *Guru* ou maître spirituel ; il signifie littéralement le maître des choses éthiques ; on dénomme également ainsi les *Initiés*.

Achavara. — Obligations religieuses qu'on contracte, soit personnellement, soit à l'égard des relations sociales.

Achit. — La non-Intelligence absolue, l'opposée de *Chit*, l'Intelligence absolue.

Achyuta. — Ce qui n'est pas sujet à des changements, l'opposé de *Chyuta* qui signifie changeant.

Achyuta est un des titres de Vishnu.

Açvamedha. — Sacrifice du cheval. Ancienne cérémonie brahmanique qui, chez les Hindous, avait une grande importance. Ce même terme s'écrit aussi *Aswamedha*.

Adbhuta-Brahmana. — Le Brahmane des miracles, qui traite des merveilles, des augures, des divinations et autres faits.

Adbhuta-Dharma. — Signifie littéralement : choses qui n'ont pas été entendues antérieurement. C'est une sorte de classe de travaux Buddhiques dans laquelle on enseigne les événements phénoménaux et merveilleux.

Addha-Nari. — Ce terme signifie littéralement demi-femme. Siva, représenté comme Hermaphrodite, moitié homme, moitié femme, c'est le type combiné des énergies mâles et femelles. — On dit aussi *Ardha-Nari* (1).

ADEPTE. — Celui qui a obtenu en occultisme, en Esotérisme, le stage de l'Initiation et qui est devenu maître dans la science ou la Philosophie ésotérique.

ADHARMA. — Injustice, iniquité; le contraire de *Dharma*.

ADHI-ATMIKA-DUHKA. — Le premier des trois genres de peines. Ce terme signifie littéralement: le mal qui procède du Soi ou qui engendre le mal par soi, c'est-à-dire par le fait de l'homme même.

ADHI-BHAUTIKA-DUHKHA. — Le second des trois genres de peines; le mal qui provient des choses et des êtres externes.

ADHI-BUDDHA ou ADI. — Unique ou suprême sagesse, appellation donnée par les Aryens primitifs au *Dieu inconnu*.

Ce terme, fréquemment employé par Aryasanga dans ses Œuvres, a été employé par les

---

(1) Cf. — ADDHA-NARI, ou *l'Occultisme antique dans l'Inde*, 1 vol. in-12 avec figures, Paris, 1890.

Bouddhistes mystiques du Nord. — Certains le traduisent par *La Cause Primordiale et Incréée de tout*. — On dit quelquefois *Adhib-Bhûta*.

ADHI-BUDDHI. — La Sagesse ou l'Intelligence primordiale, l'éternelle Buddhi de l'Esprit Universel. — Dans ce dernier cas, ce terme est synonyme de *Mahat*.

ADHI-DAIVIKA-DUHKHA. — Le troisième des trois genres de peines; le mal qui provient des causes divines ou la juste punition Karmique.

ADHISHTANAM. — C'est la base, le principe d'après lequel dérivent d'autres principes.

ADHIVARYU. — Prêtre qui préside aux opérations du sacrifice dans les cérémonies religieuses.

ADI. — Le Premier, le premier en âge. — En philosophie Esotérique, on nomme fils d'Adi, le Fils du feu Brouillard; mais c'est une expression peu usitée.

ADIRIT. — Ce terme signifie *littéralement*, le premier produit, ou le premier fait. — C'est la force créatrice éternelle ou incréée, mais qui se manifeste d'une façon périodique.

On applique ce terme à Vishnu sommeillant

sur les eaux de l'espace (de l'abîme) pendant le *Pralaya*.

ADI-NATHA. — Le premier Seigneur, de *Adi*, premier (masculin) et *Nathâ*, Seigneur.

ADI-NIDANA. — Première et suprême Causalité, racine *Adi* première et Nidanâ cause; principale cause.

ADI-SAKTI. — Force divine, primordiale puissance créatrice par excellence. — L'aspect de chaque et dans chaque Dieu mâle. — Sakkidam, le Panthéon Hindou est toujours l'épouse de quelque Dieu.

ADI-SANAT. — *Lit.* Le premier ancien terme correspondant à l'ancien des jours de la Kabbalah. C'est aussi un titre de Brahma.

ADITI. — Nom Védique de la Mulaprakriti des Védantins, aspect abstrait de Parabrahm, en tant que Non-Manifeste et Inconnaissable.

Dans les Védas, Aditi est la *Mère-Déesse*. — Son symbole terrestre étant infini, est l'espace sans limite.

ADI-VARSHA. — La première terre; la contrée primordiale, berceau des races humaines.

AJA. — Non-né; incréé. — Cette épithète est donnée à quelques Dieux primordiaux; mais plus spécialement au Premier Logos, le rayonnement de l'Absolu, dans le plan de Maya (l'illusion).

AJIATAS. — Un des noms occultes des douze grands Dieux, qui s'incarnent dans chaque Manvantara. — On l'identifie avec *Kumaras*. On nomme aussi ces Dieux Jand et Gnâna Deva. — C'est aussi une des formes de Vishnu dans le second Manvantara.

ADJIVA. — Etat de non-moi ; dans l'Esotérisme Bouddhique, cette expression désigne l'état d'inconscience, la conception de l'*Absolu*, considéré soit comme être, soit comme non-être.

ADIYATMA VIDYA. — *Lit.* Lumière Esotérique ; une des Pancha vidya Sastras ou des Ecritures des cinq sciences.

ADWAITA — DWAITA — VIISISHTADWAITA. — Doctrine du Brahmanisme ésotérique qui repose sur les trois, cinq ou sept distinctions, que l'on doit établir entre l'*Absolu* et le relatif, entre l'objectif et le subjectif, enfin entre le collectif et l'individuel. Voici la désignation des sept distinctions : *Béhda, Parabrahm, Maya, Djadamsa, Aniyamsa, Brahmâ*, dérivé de la racine *Brih* s'étendre, enfin *Dwaita*. — *Adwaita* veut dire la non-Dualité ou le Monisme de l'absolu (*Parabrahm*) et du relatif (*Maâ*). Le Relatif est toute l'existence concevable depuis la centralité (*Djadamsa*) jusqu'à l'expansion de la vie moléculaire (*Aniyamsa*).

ADWAITI. — Non dualistes, c'est-à-dire qui n'admettent que deux principes en présence dans l'Univers: le Bien et le Mal; Dieu et un mauvais génie. Il y a des Brahmanes adwaiti.

AGAMA. — Une des trois voies de la Connaissance. — La Connaissance qui nous vient de l'expérience des recherches des autres personnes qui font autorité auprès de nous, est dite venir d'Agama. — Les Védas sont pour cela appelés *Agamas*. — Pour d'autres significations, voir le *Dictionnaire d'Orientalisme, d'Occultisme et de Psychologie.* V° AGAMA.

AGAURAKA. — Etoile de feu, c'est-à-dire la Planète Mars, c'est l'équivalent sanskrit du terme thibétain: Mig-Mar.

AGNI. — C'est le feu; le nom de l'aither lumineux, autrement appelé Téjas Tattva. Sa couleur est rouge. Les autres couleurs résultent de son mélange avec les autres couleurs. — Pour renseignements complémentaires, voir le *Dictionnaire d'Orientalisme et d'Occultisme et de Psychologie.* V° *Agni.*

AGNI DHATU SAMADHI. — Contemplation yogique ; contemplation de la yoga pratique ; état d'extase particulier dans lequel Kundalini est extrêmement développé ; alors l'extatique voit l'espace semblable à une nappe ou mer de feu.

AGNISWATAS-PITRIS. — Ancêtres solaires qui correspondent à la Triade supérieure ; ce sont les Devas de la Sagesse, qui nous donnèrent la Raison.

Les agniwatas, qui s'incarnèrent dans la troisième race appartiennent à la Hiérarchie Dyan choanique ; c'est-à-dire celle des Esprits planétaires, dont le Logos est la synthèse.

Ce sont les agniswatas qui les premiers, au commencement du Manvantara, sont mis en action, en mouvement, mais ce sont eux aussi, qui les premiers tombèrent dans les sphères de la plus basse matérialité. C'est cette chute dans la matière qui est symbolisée dans la Bible par la *Chute des Anges.* Ce sont en effet, des anges solaires, qui s'étaient assimilés dans leurs incarnations toute la sagesse contenue dans les mondes supérieurs d'autres chaînes antérieures à la nôtre ; ils s'étaient assimilés aussi la réflexion de Mahat (Idéation Cosmique) à différents degrés d'intensité.

Dans chaque manvantara, ce sont les agniswatas qui, après incarnation, ont joui de leur repos pendant les Œons (Voy. ce mot.) incalculables.

AGRA — SANDHANI. — Assesseurs ou greffiers qui assistent au jugement de l'âme désincarnée. Ils rappellent au cœur du défunt la vie de son âme. Ce sont des sortes de Lipikas de la Doctrine ésotérique. (V. LIPIKAS).

AHAM. — Ce terme signifie jour ou le corps de Brahma dans les Puranas. Il signifie aussi *Moi* ou la Base de AHANKARA (V. ce mot).

AHANKARA. — Soi-conscience ou Soi-identité; c'est le Moi égoïste, le principe mayavique dans l'homme; la conception de ce Moi égoïste produit l'ignorance qui sépare notre Moi du Soi-Universel; ce terme désigne aussi la personnalité et l'égoïsme. — C'est aussi la *soi-conscience universelle*, le principe construisant le pronom personnel JE, *je suis;* idée provoquée par le rappel des existences passées : j'ai déjà été, donc je suis...

AHAR. — Terme mystique qui figure dans un grand nombre de formules religieuses.

AITHER. — Chez les Hindous, ce terme signifie *Fluide pur*, lorsqu'une force intelligente et pure le dirige, mais quand il est abandonné à son propre mouvement, l'aither devient Nahash, c'est le serpent de la Genèse. C'est aussi le Nouménon de la *Lumière astrale,* le voile qui était entre la terre et les premières eaux; c'est enfin l'âme même du monde.

L'aither est aussi le *Chaos* ou la Nature Primordiale. C'est la Matière non différenciée, qui selon l'Ecole Hermétiste existait à l'origine des choses.

Pour dire tout ce qu'est l'aither et le rôle qu'il joue dans la création, il faudrait écrire de nombreuses pages, ce que nous ne saurions faire sans sortir du cadre que nous nous sommes imposés, aussi somme-nous obligés de nous résumer et de dire comme conclusion que l'aither est la force atomique non localisée, les fluides électriques et magnétiques en sont les polarisations, tandis que la matière en est la cristallisation; mais celle-ci se compose d'après la science moderne de corps simples et de corps composés; les corps simples ne sont différenciés entre eux que par la différence de leurs ondes vibratoires.

Prenons, par exemple, la lumière du soleil, elle est une, mais si on laisse pénétrer ses rayons dans diverses pièces au travers de vitrages de diverses couleurs pour chacune des pièces, les sensitifs, en y entrant, en y pénétrant, éprouveront des impressions diverses dans chacune d'elles, d'où la *Chromothérapie* (1) ou guérison par la lumière coloriée.

L'aither est aussi le principe inférieur de l'*akasha* des Hindous, qui est le seul élément, dont toute forme de matière n'est qu'une modification. — Ce principe a été dénommé par Paracelse l'*Archée* (*archœus*) ; il forme les quatre sous-plans supérieurs du plan physique.

Dans un remarquable ouvrage d'Egyptologie (2), nous voyons une jeune prêtresse définir ainsi, ce qu'est l'aither : « Je commencerai par dire qu'il n'existe dans le monde qu'une seule puissance ou force ; c'est l'aither, c'est lui qui éclaire, c'est lui qui agit, c'est lui qui transporte, c'est lui qui engendre, c'est lui qui fait végéter, c'est lui qui agglomère, réunit et synthétise les molécules quelles qu'elles soient, en un mot c'est ce fluide qui a fait tout ce qui est,

---

(1) Cf. à ce sujet : La Psychologie *devant la science et les savants*, p. 228, ch. XVI, 1 vol. in-12. Paris, H. Chacornac. Cf. également la 3ᵉ édition du même ouvrage.

(2) Isis dévoilée ou l'*Egyptologie sacrée*, 1 vol. in-12, p. 261. Edition princeps et page 272, 2ᵉ éd. Librairie académique, Didier. — Perrin frères, Paris.

Conf. également Idées. Principes et vérités théosophiques, Paris, 1 vol. in-18. H. Daragon, 1909.

sans lui rien n'existerait et avec lui tout peut être produit; etc., etc., car il y a encore de nombreuses pages.

AH-HI. — Esprits humains et Forces à la fois, émanés du premier Logos; ils sont le premier rayon de l'Unité ou des sept rayons primordiaux. Ils appartiennent aux trois premiers plans Cosmiques, dont le troisième est le point de départ de la manifestation primordiale. — Les ah-hi renferment le mental universel et le réfléchissent au premier frisson de chaque manvantara. — Ces forces deviennent un jour des êtres humains, ils passent à travers tous les plans, et commencent seulement à se manifester sur le troisième (le nirvanique) (1).

AHI, H-HI. — Serpent; Dhyan chohans; Dragon de Sagesse. — On désigne également sous ce terme Vitra, le Démon Védique de la Sécheresse.

AJANA. — La non-connaissance. Absence de connaissance et par suite ignorance, le terme ajnani signifie profane.

AKASA. — Nom du premier Tattva, l'aither

---

(1) Le troisième en partant de haut en bas ou le cinquième en allant de bas en haut.

sonifère (qui porte le son). C'est un des plus importants Tattvas. Tous les autres Tattvas dérivent de lui, vivent et fonctionnent par lui. Toutes les formes et toutes les idées de l'Univers vivent en lui. Il n'y a rien de vivant dans le monde qui ne procède de l'akasa, qui ne dérive pas de lui. C'est lui que l'on peut trouver dans chaque substance et dans les autres Tattvas; il paraît immédiatement ou mieux, il est dans chaque chose, mais il n'est pas visible, étant d'une nature essentiellement subtile.

En un mot, l'Akasa est une subtile essence supersensuelle qui occupe l'espace, la substance primordiale identifiée par erreur avec l'aither. Mais elle est à l'aither comme l'esprit est à la matière, ou comme *Atma* à *Kama-Rupa*. Par le fait, c'est l'espace universel dans lequel repose inhérent l'éternelle idéation de l'Univers, dans ses différents aspects changeants sur les plans de la matière et de l'objectivité, et d'après lesquels irradie le premier Logos ou la pensée exprimée. C'est pourquoi il est dit dans les *Puranas* que l'*Akasa* est un de ses attributs, parfaitement sain et c'est pourquoi il a été transformé en un symbole du Logos: *Verbe* dans un sens mystique. Dans le même ouvrage (le *Jyotishto-*

ma agnishtoma) on le nomme le « Dieu Akasa ». Dans les mystères des sacrifices, Akasa est le tout dirigeant, l'omnipotent Déva, qui remplit le rôle de Sadasya, le surintendant des effets magiques, des exercices religieux. Il est le représentant attitré de Hottri (le prêtre) des âges anciens, d'où il tire son nom.

L'Akasa est l'agent indispensable de chaque *Krityâ* (exercice magique) religieux et profane.

L'expression « se mouvoir sur Brahma » signifie se mouvoir sur les pouvoirs qui sont latents sur le fondement de toute opération magique, les sacrifices védiques n'étant en fait que des cérémonies magiques. Le pouvoir d'Akasa sous un autre aspect, sous celui de *Kundalini*, c'est l'électricité occulte, l'alkaest des Alchimistes en un sens, ou l'universel dissolvant, l'équivalent de *l'anima mundi* sur un plan plus élevé, comme la *lumière astrale* sur le plan le plus élevé. Au moment du sacrifice, le prêtre s'imprègne de l'esprit de Brahmâ et devient Brahma même pour un temps. (Isis Unveiled).

AKSHARA. — Signifie *lit.* Indestructible, toujours parfait, etc.; c'est la Divinité suprême.

AKTA. — Le non-Oint; titre de *Twashtri* ou Visvakarman, le *Créateur*, le plus élevé; c'est le Père des Dieux et le Père du feu sacré; c'est dans le Rig-Védas, le Logos.

AKUPARA. — La tortue de mer, animal symbolique, sur le dos duquel, la Terre est censée portée.

ALAYA. — L'âme universelle; c'est le nom que dans le système thibétain, on donne à l'Ecole contemplative: *Mahayana*. — L'alaya est identique dans le sens mystique à l'*Akâsa* et à *Mulaprakriti*. Dans son essence, c'est la base ou origine de toutes choses. — *Lit.*, ce terme signifie immuable. Alaya est le réceptable de toute l'existence à l'état de *Laya*.

AMBA. — Le nom de la plus ancienne des Pléiades, les célestes sœurs mariées, chacune avec un Rishi, appartenant au Saptariksha ou septième Rishi de la constellation, dénommée la *Grande Ourse*.

AMBAMSI. — Nom du chef des Kumaras: *Sanat-Sujâta*, qui signifie les Eaux; l'ancien type de Sanat était Michel l'archange.

AMBARISA. — Un des cinq enfers Buddhiques. Les qualités de Tatwa Apas y sont établies en douloureux excès.

AMRITA. — Boisson provenant du barattage de la mer de lait, sorte de nourriture — ambroisie qui donnait l'immortalité. C'était l'élixir de vie baratté dans l'océan de lait, dans l'allégorie Puranique. — Cet ancien terme védique est appliqué au suc sacré de Soma dans le temple des Mystères; c'était le nectar des Dieux.

AMULAM MULAM. — Lit. La source sans source, la Mulaprakriti des Védantins, la source spirituelle de la Nature.

ANAGAM, ANAGAMIN. — Celui qui n'a pas besoin de renaître dans le monde des désirs. C'est un stage avant de devenir Arhat et prêt à entrer en Nirvana. C'est le troisième degré du quatrième grade, d'après H. P. B. « de la sainteté sur la voie de l'Initiation finale ».

ANAHATA CHAKRAM. — Siège ou Roue de la vie, le cœur suivant quelques auteurs.

ANAHATA SHABDDA. — Voix intérieures, voix mystiques et sons perçus par le yogi au premier stage de ses méditations, le troisième des quatre états de sons, dénommé *Madhyama*. Le quatrième état est perçu par les sens physiques de l'entendement. Le son, dans le stage précédent, n'est entendu que par celui qui a développé ses sens internes les plus élevés. — Les quatre stages sont respectivement appelés: Parâ, Pashyan, Madhyama et Vaikhari.

ANAMAYA KOSHA. — Ce terme est employé par les Védantins aux lieu et place de Sthula Sharira pour désigner le corps physique. C'est le premier fourreau ou coque des cinq coques acceptées par les Védantins, c'est ce qu'on nomme, en théosophie, Principes.

ANANDA. — C'est le nom de la favorite du disciple de Gautama, le Seigneur Bouddha; il signifie caresse, joie, félicité et bonheur. C'est un état de béatitude infinie, dans lequel l'âme se fond pour ainsi dire dans l'esprit. — C'est aussi le milieu de l'état spirituel dans l'atmosphère Tattvique.

ANANDA-LAHARI. — La vague de joie; c'est le titre d'un beau poème mystique très occulte, écrit par Sankaracharya; c'est une hymne à Parvati.

ANANDAMAYA-KHOSHA. — Canal spirituel; monade spirituelle; le mayavique, c'est-à-dire la forme illusoire, l'apparence de ce qui est sans forme: la *Béatitude* ou l'âme dans son état le plus élevé. C'est aussi le nom Védantin de l'un de ces cinq principes (Khoshas) identique à l'*atma-Buddhi* ou l'âme spirituelle.

ANANGA. — Le sans-corps, une des épithètes de Kama : Dieu de l'amour.

ANANTA-SESHA. — Le Serpent de l'éternité, c'est la couverture du lit de Vishnu, durant le Pralaya ; lit., ce terme signifie fin sans restes, sans trace aucune.

ANARADHA. — La septième maison lunaire.

ANDA-KATAHA. — *Lit.* La couverture extérieure, c'est-à-dire la coquille de l'œuf de Brahma, sans laquelle l'étendue de l'Univers manifesté n'aurait pu être embrassée.

ANDHATAMISHRA. — C'est l'Enfer dans lequel sont établies en douloureux excès, les qualités du Tattva Akasa.

ANGIRAS. — Un des Prajapatis ; le fils de Daska, un jurisconsulte, etc., etc.

ANGIRASAS. — Nom générique de plusieurs individualités et choses Puraniques ; une classe de Pitris, ancêtres de l'homme ; un des sept dwipas, etc.

ANJALA. — Un des pouvoirs personnifiés, qui émane du corps de Brahma : le Prajapatis.

ANJANA. — Le serpent, le fils du rishi Kasyapa ou Kaçyapa.

ANTAHKARANA et ANTAHKARANAM. — Ce terme a des significations très diverses, suivant chaque Ecole et suivant chaque philosophie. C'est le sens intime; c'est le sentier ou pont, qui relie la partie vivante et périodique de l'homme et sa partie spirituelle ou céleste; c'est la source de l'instinct, la voix de la conscience. Ce sens intime possède un pouvoir latent appelé *Mantrika-Shakti.*

ANU. — Un atome, un des titres de Brahma, de qui on a dit qu'il était un atome juste dans l'Univers infini. — C'est une allusion à la nature panthéistique de ce Dieu.

ANUGITA. — Un des Upanishads, qui est un véritable Traité d'occultisme.

ANUGRAHA. — La huitième création dans le Vishnu-Purana.

ANUMATI. — La lune en son plein, quand par le Dieu Soma, elle devient Déesse.

ANUPADAK. — *Lit.* sans parents · existant par lui-même; né sans parents ou engendreurs. — On applique surtout ce terme à certains Dieux et Dhyani Buddhas, qui se sont créés d'eux-mêmes.

ANUTTARA. — Sans pareil, incomparable. Ainsi un corps anuttara signifie une excellente intelligence sans pareille; *Anuttara Dharma,* une loi ou une religion, etc., sans pareille.

Anyamsam, Aniyasam. — *Lit.* Le plus atomique des atomes (l'Ultimate). Le plus petit des plus petits appliqué à la Divinité Universelle, qui est l'essence de toutes choses.

Apana. — Manifestation du principe de vie qui chasse de l'économie humaine, les résidus qui ne sauraient y demeurer; tels que les déjections, urines, etc. — C'est aussi le souffle inspiré: une pratique de la Hatha-yoga. Prana et Apana sont le souffle vital décrit dans *Anugita*, l'Upanishad qui forme un véritable Traité d'Occultisme.

Apantartamah. — Sage Védique, qu'on dit s'être incarné comme Vyâsa Krishna Dvaipâyana, l'auteur du Mahâbhrârata, etc.

Aparinanim. — Tout ce qui est immuable et non changeable; l'opposé de parinanim, c'est tout ce qui est susceptible de changement, de modification, tout ce qui est susceptible de déchéance.

Aparoksha. — Perception directe.

Apas. — Nom d'un des cinq tattvas, qu'on pourrait traduire, en français, aither savoureux.

Apava. — *Lit.* Celui qui se joue sur les eaux. C'est un aspect de Nârâyana ou de Vishnu et de Brahma, combinés pour Apava. Il semble que celui-ci se divise lui-même en deux parties mâle et femelle, et de cette façon crée Vishnu, qui crée Virâj, qui crée Manu. — Ce nom est différemment expliqué et interprété dans les ouvrages Brahmaniques ; il signifie aussi non livraison, c'est-à-dire délivrance.

APAVARGA. — Emancipation par suite de renaissances successives.

APPAREILLAMENTUM. — Symbole ou cérémonie Gnostique, qui est conféré par le Patriarche, et qui ne peut être conféré au Consolé que sur une demande écrite du récipiendaire dont voici la formule : « Un tel prie Sa Grandeur le Patriarche, de le recevoir au Saint Appareillamentum. »

Cette lettre doit être approuvée par l'Evêque ou la Sophia du Diocèse du requérant. — Dans aucun cas, l'appareillamentum ne peut être conféré à un *Pneumatique,* qui n'aurait pas reçu le Consolamentum au moins une fois. — Au jour fixé, le consolé se rend dans la chapelle. Il est vêtu de noir, tête nue et les mains liées par une bandelette blanche.

L'Appareillamentum n'est jamais conféré en public : le Patriarche et le Consolé sont seuls, ce dernier agenouillé dit : « Je viens ici devant Pneuma-agion, me déclarer coupable et déchu, comme ma mère Sophia Achamoth, etc. » V. ce dernier mot).

Apsaras. — Ondines ou Nymphes des eaux, du Paradis ou ciel d'Indra. — Dans la croyance populaire, les Apsaras passent pour être les Femmes des Dieux. On les surnomme Surânganâs et même d'un terme peu honorable *Sumadat-Majas*, qui signifie femmes ou filles de plaisir. C'est pour cela qu'on a supposé qu'en barattant l'Océan de lait, ni les Dieux (*Suras*) ni les Démons (*Asuras*) n'avaient voulu les prendre pour femmes légitimes.

Arahat et Arhat. — Sous ce terme sanskrit, le Bouddhisme désigne les Adeptes de la Science secrète, dénommée elle-même Idhividhananana. Il existe, dit-on, au Tibet, beaucoup d'arahats. Ce sont des ascètes qui, en se conformant à certaines règles et pratiques, sont parvenus à un état supérieur de développement intellectuel, moral et spirituel. — On peut diviser les Arahats en deux groupes principaux : les *Samathayanika* et les *Sakka-Vipassdka* ; les premiers ont détruit en eux tout principe de passion et développé au plus haut degré leur intellect et leur vue interne (clairvue, clairvoyance), le sixième sens, que tout homme pourrait posséder en pratiquant la yoga.

Pour l'Arahat, chaque atome de poussière est aussi plein de *Swabhavat* (substance plastique éternelle et intelligente, quoique impersonnelle) qu'il l'est lui-même. — L'Arahat s'efforce d'assimiler ce Swabhavat en s'identifiant avec tout pour atteindre au Nirvâna.

Une partie de ce qui précède est l'analyse faite d'après une note que nous a fournie H. P. Blavatsky. — Cf. également Dictionnaire d'orientalisme et d'occultisme.

ARANI. — Ce nom féminin est védique et désigne ADITI (V. ce mot). Arani est *Swatiska;* on le symbolise par un disque servant de véhicule, par lequel les Brahmines génèrent le feu par friction avec *Pramantha;* ce bâton symbolise lui-même le générateur mâle. Cette cérémonie mystique avec l'enseignement secret qu'elle renferme est très sacrée, a été transformée en une signification Phallique par le matérialisme de tous les âges.

ARANYAKA. — Saints Ermites ou Sages de l'Inde ancienne, qui vivaient dans la Jungle. On dénomme également sous ce terme, une portion des Védas qui contiennent les Upanishads.

ARASA MARAM. — L'Arbre hindou sacré de la connaissance de la science et du savoir. — Dans la Philosophie ésotérique, on désigne sous ce terme un travail mystique.

ARDHANARISWARA. — *Lit.* Seigneur bisexué. Esotériquement, ce sont les Séphira, Adam, Kadmon, etc., symbolisant les états non polarisés de l'énergie cosmique.

ARJUNA. — *Lit.* Le Blanc ; le troisième des cinq frères Pandu ou les fils d'Indra. — Esotériquement, il représente Orphée. — Arjuna fut visité par son disciple et épousa sa sœur Jubhadra, suivant quelques auteurs. Krishna l'instruisit dans la *Philosophie transcendante* et Arjuna devint son conducteur de char. (V. la Bagavad-Gita, trad. de Burnouf, la meilleure traduction française).

ARUNDATI. — L'Etoile du matin, Lucifer ou Vénus.

ARUPA. — Corps sans formes, par opposition aux corps rupiques ayant des formes.

ARVAKSROTAS. — La septième création, celle de l'homme dans le Vishnu Purâna.

ARYA. — *Lit.* Le Saint ; titre primitif des rishis.

Arya-Bhata. — Auteur d'un système d'astronomie, nommé *Arya Siddhanta;* c'est après Asura-Maya, le plus ancien algébriste et astronome Hindou.

Arya-Dasa. — *Lit.* Le Saint Maître, le grand Sage et Arhat de l'Ecole de Mahasamghika.

Aryahata. — Le sentier de l'Araht ou de la Sainteté.

Aryani-Satyni. — *Lit.* Les quatre vérités, c'est-à-dire les quatre aphorismes formulés par Cakya-Muni, et qui forment le dogme fondamental de la Philosophie Buddhique.

Aryasangha. — Arhat, disciple direct de Gautama le Buddha et le fondateur de la première Ecole d'yogacharya; on le confond souvent avec un personnage de même nom qui avait vécu à Ayodhya, environ cinq ou six siècles avant notre ère.

Aryasatyani. — Ce sont les vérités des quatre dogmes suivants:

1° Dukha où les misères et les peines sont inévitablement concomitantes avec le sentiment de l'existence, et cela dans un sens ésotérique physique;

2° Samudaya, le truisme (vérité évidente)

dont la souffrance est intensifiée par la passion humaine;

3° Nirodhâ, dont l'anéantissement et l'extinction des sentiments, quels qu'ils soient, sont possibles pour l'homme qui est *sur le sentier;*

4° Marga, la voie étroite, le sentier, qui conduit à toutes sortes de douleurs, de peines qui résultent de la vie.

ARYAVARTA. — La terre des Aryas; c'est le nom ancien de l'Inde septentrionale, dans laquelle se fixèrent les envahisseurs brahmaniques, à ce que prétendent certains orientalistes.

ASAKRIT SAMADHI. — C'est un stage du Samadhi auquel arrive le yogi, par un certain degré de contemplation extatique.

ASAMPRAJNATA. — L'état le plus élevé de la trance mentale, dans lequel l'esprit est entièrement absorbé dans l'âme. Ce remarquable état est aussi connu que le *Samprajnata*.

ASANA. — Une des postures prescrites pour la méditation, dans le troisième stage de la Hatha Yoga (1).

---

(1) Cf. Traité de Yoga par ERNEST BOSC DE VÈZE, 1 volume in-8 Paris, H Daragon.

Asat. — Terme philosophique, signifiant le *Non être;* est l'opposé de *Sat*, l'éternel immuable, partout présent et le seul réel (sans être) duquel il est dit « comme étant né de *Asat* engendré par *Sat*. — L'irréel ou Prakriti, nature objective, est regardé comme une illusion. La nature ou la forme illusoire de celle-ci est une véritable essence. On pourrait définir Asat, le souffle négatif ou phase de la matière.

Ashtadisa. — Certaines Ecoles hindoues imaginent que l'espace a la forme d'un octogone ou d'un dodécagone; l'Ashtadisa est la huitième face de l'espace.

Ashata Siddhis. — Dans la pratique de la Hatha Yoga, ce terme exprime la huitième consommation.

Ashrama. — Construction sacrée, monastère ou Ermitage pour des ascètes; chaque secte dans l'Inde a ses Ashramas.

Ashtar Vidya. — C'est le titre du plus ancien livre de Magie Hindou; bien qu'on prétende que l'ouvrage en entier soit dans les mains de quelque occultiste, bien des Orientalistes le croient perdu. Il n'existe en vérité que divers fragments et encore au dire de H. P. B. ils sont grandement défigurés.

Asiras. — *Lit.* Sans tête. Elémentals sans tête. Ce terme est aussi employé pour désigner les deux premières races humaines.

Asmita. — 1. Synonyme de Ahankâra, égoïsme. — 2. Part active ou parcelle de soi — 3. Notion de ce que le soi n'est en rien égaré de nos perceptions et conceptions.

Asta-Dasha. — Sagesse parfaite et suprême; c'est un des titres de la Divinité.

Astral. — (Corps), ou le Double Astral. — Contre-partie aithérique ou fantôme de l'homme ou de l'animal; c'est le Linga Sharira des théosophes, le *Doppellanger* des Allemands. — Il ne faut pas confondre le corps astral et l'âme astrale ou sous d'autres noms: le manas inférieur ou kama manas, ainsi nommé parce qu'il n'est que la réflection, le reflet de l'*Ego Supérieur*.

Asuramyaa ou Mayasura. — Nom d'un astronome atlantéen, considéré comme un grand Magicien dans bien des ouvrages Sanskrits.

Asuras. — Ce sont exotériquement des élémentals et de mauvais génies. — Esotériquement ce sont de bons génies, au contraire.

Aswins, ou Aswinau pluriel; ou encore Aswini-Kumsrau. — Divinités les plus mystérieuses et les plus occultes de toutes, qui ont le plus embarrassé les plus anciens commentateurs. *Lit.* — Ce sont les hommes de cheval, les divins conducteurs, comme conduisant un char d'or traîné par des coursiers ou des oiseaux ou autres animaux, et ils sont pourvus de formes diverses. Ce sont deux divinités Védiques, les deux fils jumeaux du soleil et de la lune, laquelle est devenu la nymphe awim. — Dans la mythologie symbolique, ce sont les brillants avant-coureurs de Ushas, de l'aurore, etc.

Aswatha. — L'arbre de la connaissance, dénommé aussi *Bô;* c'est le *ficus religiosa;* ce que nous dénommons le *ficus Inclica.*

Atala. — Une des régions (*lokas*) hindoues; c'est aussi le nom d'une des sept montagnes. — Esotériquement Atala est une région du Plan astral, et a été pendant un certain temps considérée comme une île située au-dessus de la terre.

Atharva Veda. — Lit. Incantation magique, c'est le titre du quatrième Véda qui contient les aphorismes, les incantations et les formules magiques. — C'est un des plus anciens et des plus révérés livres des Brahmanes.

Ativahikas. — Avec les Visishtadwaites,

ce sont les Pitris ou Devas qui assistent les âmes désincarnées ou Jiva) qui passe dans elles après la mort du corps au *Paramapadha*.

ATMA. — Terme pali, qui désigne l'esprit (esprit divin) ; c'est le suprême principe qui entre dans la composition de l'homme parfait.

ATMA-CHU. — L'âme existence, ou l'existence en tant qu'âme.

ATMA-BODHA. — *Lit.* La soi-connaissance, titre d'un *Traité Védantin* écrit par Sankaracharya.

ATMA-JNANI. — Le connaisseur du Monde. — Ame, ou l'âme en général.

ATMA-MATRASU. — L'atome spirituel qui permet d'entrer dans les éléments de son Soi. Atmamatrasu ou Atmamatra est l'atome qui contraste et qui est en opposition avec l'atome différencié d'une façon élémentaire.

ATRI. — (*Les Fils d'*). — Classes de Pitris ou ancêtres de l'homme; on les nomme aussi *Prajapatis* (Progéniteurs) ; c'est aussi le nom d'un des sept Rishi qui forment la constellation de la Grande Ourse.

ATTAVADA. — Ce terme pali désigne la faute de la Personnalité.

Atyantika. — La Pralaya absolue, l'une des quatre Pralayas ou Dissolutions.

Aum. — Syllabe sacrée; la triple lettre unie; voilà la trinité en Un; les Hindous la dénomment aussi Pranavâd et l'écrivent également Om. Les trois lettres de *Aum* sont inséparables et fondues ensemble elles forment la trinité (*trimurti*). L'A uni à l'O, donne l'*ô* long ou bien *au*, et l'*o* uni à son tour très étroitement à l'*Anuswâra* forme le son unique *Om*.

La *Pranava* contient donc à la fois l'Unité (*aom* ou *ôm*), la dualité (*au* et *om*), enfin la trinité (*a, u, m*); aussi cette syllabe représente-t-elle comme le chiffre 3 et le triangle, le symbole du triple aspect, sous lequel nous essayons de nous faire une idée de l'*Absolu* ou Dieu: Infini, Premier Principe, Principe Suprême.

Cette syllabe venons-nous de dire, est extrêmement sacrée, aussi est-elle considérée comme la racine de l'Univers, comme celle des êtres, c'est pourquoi on n'en peut donner la clef, car si on la donnait, ce serait livrer bien des correspondances occultes, qu'il n'est pas permis de livrer, car se serait s'engager sur un terrain absolument défendu en Occultisme.

Le secret du son, du nombre et de la lettre

n'est donné dans l'Inde qu'aux *Chélas engagés*, c'est-à-dire qui ont prêté serment de ne révéler à qui que ce soit la manière de prononcer et d'expliquer ce terme. — Tout ce qui précède est tiré du *Dictionnaire d'Orientalisme et de Psychologie*. (Paris, H. Chacornac), qui donne un long article au sujet de ce terme, dont le passage suivant d'un livre sanskrit montre toute l'importance pour le novice :

« Au moment d'étudier, le novice ayant fait une ablution conformément à la Loi, le visage tourné vers l'Orient, doit adresser au *Livre Saint*, l'hommage respectueux, et recevoir sa leçon étant couvert d'un vêtement pur et maître de ses sens. — En commençant et en finissant la lecture du Védas que toujours avec respect il touche les pieds de son Gourou ; qu'il ait les mains jointes, car tel est l'hommage dû au *Livre Saint*... Qu'il prononce au commencement et à la fin de l'étude du Livre Saint, et cela sans jamais l'oublier, le monosyllabe sacré : AUM. — Toute lecture qui n'est pas précédée de ce monosyllabe s'efface peu à peu de la mémoire, et celle qui n'en est pas suivie ne laisse aucune trace dans l'esprit (1).

---

(1) *Manava Dharma Shastra*, II, 70-73.

AURNAVABHA. — C'est le nom d'un ancien commentateur sanskrit.

AURYA. — Nom du Sage à qui on attribue l'invention de l'arme de feu, dénommée *Agniyastra*.

AVA-BODHA. — Mère de la Connaissance, un des titres d'Aditi.

AVAIVARTIKA. — Epithète qualificative de tous les Bouddhas et qui signifie littéralement : celui qui ne tourne jamais le dos ; c'est-à-dire qui est sur le sentier qui conduit directement au Nirvâna.

AVALOWKITESWARA. — Le Seigneur Voyant. Dans l'interprétation exotérique, c'est *Padmapasani*; dans le Thibet, le premier ancêtre divin des Thibétains, la complète incarnation ou Avatar de Avalowkiteswara, qui est le Dalaï Lama.

AVARASAILA SANGARAMA. — *Lit.* L'école des habitants de la montagne d'Ouest. C'est un célèbre monastère (Vihara) dans le Dhanakstchaka, construit 600 ans av. J. C. et dispersé 600 ans après.

AVASTHAS. — Etats, conditions, positions.

AVATAR ou AVATARA. — Incarnation Divine. Descente d'un Dieu ou de quelque Etre très élevé, par suite de ses renaissances dans le corps d'un simple mortel. Il y a deux genres d'avatar, l'un qui naît d'une femme et l'autre qui naît sans parents (*Anupapadaka*). Krishna était un Avatar de Vishnu. — Le Dalay Lama est considéré comme un Avatar de AVALOKITESWARA (V. ce mot), et le Teschu Lama est un avatar de Tsoukha-paou Amitabha.

AVIDYA. — L'opposé de *Vidya*, la connaissance. Avidya est donc l'ignorance, qui procède de l'illusion des sens ou Viparyaya, et produit l'illusion.

AVIKARANA. — Délivré de toute dégénérescence; situation sans changement; employé par la Divinité.

AVITCHI. — C'est un état et non un lieu, comme le croient beaucoup de personnes; cet état existe non nécessairement après la mort, mais entre deux morts. L'avitchi peut aussi commencer sur la terre même. — *Lit.* Ce terme signifie enfer éternel. C'est le dernier des huit cercles infernaux. Nous savons que les coupables meurent et renaissent sans interruption, mais avec l'espoir de la rédemption finale.

C'est pour cela que l'Avitchi a un autre nom; *Myalba* (notre terre), et c'est aussi un état auquel certains hommes sont condamnés, même sur le plan physique.

AVYAKTA. — La cause irrévélée, l'opposé de Vyakta le différencié, la cause révélée.

AYANA. — Période de temps de six mois environ, puisque deux ayanas complètent un an. L'une des ayanas est la période du soleil, qui progresse vers le nord et l'autre dans le sud de l'écliptique.

AYIN. — *Lit.* Rien; le néant, la non-existence.

B

BARISHAD-PITRIS, constructeurs du corps physique de l'Homme; l'ordre le plus élevé des Dévas, qui comprend les *Dévoreurs,* les atomes du feu, les germes de vie, ceux-ci constituent le dernier ordre des Barishads-Pitris, qui sont les sept forces créatrices de la nature.

Durant les trois premières rondes ou cycles, leur fonction consistait de par la loi d'évolution, à passer à travers toutes les formes de vie et d'êtres, à travers les règnes minéral, végétal et animal. Ils y passaient dans leurs conditions monadiques, c'est-à-dire sous leur forme la plus élémentaire (seulement aithérique).

Ce furent les Barishads-Pitris qui devinrent les hommes de la première race et partagèrent ainsi la destinée et l'évolution subséquente de cette race; elle fut donc spirituelle. Ils projetaient leur ombre (chayâ), ce qui correspond chez nous au double aithérique; ils projetaient, disons-nous, ce chaya comme modèle et la nature, sur cette forme, construisait celles extérieures du corps futur; chaque Pitri pouvait se dépouiller d'un chayâ, lequel avec le temps pouvait à son tour en produire un autre. Sur le plan de conscience des pitris ces ombres astrales étaient à peine visibles.

BHADRAKALPA. — *Lit.* Le Kalpa des Sages. Notre présente période de temps est une Bhadrakalpa; c'est le résultat de l'enseignement Esotérique fait dans ses dernières 236 millions d'années, suivant H. P. B. C'est pourquoi l'on dénomme ainsi ce kalpa, dans lequel apparaîtront mille Boudhas (?).

BHAGATS. — Celui qui chasse les mauvais esprits: Exorciseur; on le dénomme aussi en sanskrit *Sohka* et *Sivnatha*.

BHAGAVAD GITA. — Un des plus beaux livres de Philosophie Hindoue, dont la meilleure traduction du Sanskrit en français a été faite par Eugène Burnouf.

BHAGAVAT. — Un des noms de Buddha et de Krishna ; il signifie littéralement *le Seigneur*.

BHAO. — Cérémonie de Divination chez certaines tribus de l'Inde Centrale.

BHARATA VARSHA. — *Lit.* La terre de *Bharata*, ancien nom de l'Inde.

BHARGAVAS. — Une ancienne race de l'Inde ; ce terme tire son origine du nom de Brigu, le Rishi.

BHARISHAD. — Une des classes des Pitris lunaires ou des êtres que la superstition populaire croit avoir eu pour ancêtres dans les incarnations passées. — C'est aussi la maison sacrée par la flamme) dans laquelle sont faits les sacrifices du feu.

BHASHYA. — *Littéralement,* Un commentaire.

BHASKARA. — Un des titres de *Sûrya*, le Soleil, qui signifie le *Donneur de la vie* ou *Créateur, le Porte-lumière*.

BHAVA. — Le monde ou la vie ; Etre ou état d'être ; c'est aussi un des noms de Shiva.

BHARANI. — La seconde maison lunaire.

BHISKHU. — Nom donné aux sectateurs de Sakia-Muni : Buddha. — *lit. Ecolier* mendiant. Ce terme sanskrit s'écrit en Pali *Bikku*.

On divise les bikshus en deux classes dites *Sramanas :* les Bouddhistes moines et les Bouddhistes prêtres.

BHOUS. — Ce terme sert à désigner les sectateurs de la vieille religion des Aborigènes du Thibet, des temples prébudhiques, que l'on dénomme aussi *Dugpas* (bonnets rouges).

BHRANTIDARSANATA. Fausse interprétation ou compréhension. Une chose conçue sur de fausses apparences, sur une forme illusoire ou mayavique.

BHRIGU. — Un des sept Prajapati ou Progéniteurs du savoir humain, l'un des *Rishis* Védiques. — On le dénomme aussi fils de Manu, parce que celui-ci lui avait confié ses *Instituts* ou *Préceptes*.

BHUMI. — C'est la Terre, dénommée aussi *Prithivi*.

BHUR-BHUVA. — Mot mystique ; terme d'incantation, de même que *Om ;* Bhur-Bhuva, Bhuva, Swar, signifient : aum, terre, ciel, mais nous devons dire que ceci n'est que l'explication exotérique.

BHURANYU. — Le rapide comme un projectile ; épithète appliquée à quelques divinités.

BHUR-LOKA. — Un des quatorze lokas ou mondes. — Ce terme sert aussi à désigner notre globe.

BHUS, BHUVA, SWAR, AHAR sont des termes mystiques qui figurent dans un grand nombre de formules religieuses.

BHUTA. — Ecorces ou coquilles des Désincarnés, qu'il ne faut pas confondre avec les restes : (*reliquiæ*) reliques.

Eliphas Lévi donne à ce terme *Ecorce* une signification que nous ne lui connaissions pas. « La haine de l'Ecorce ou de l'idolâtrie, dit-il (1), est la raison de la circoncision. La circoncision est le retranchement de l'écorce de l'arbre paternel. En symbolisant Dieu par le principe paternel créateur, les kabbalistes protestent contre l'idolâtrie en dépouillant ce principe de son enveloppe extérieure, que figurent les Ecorces. Les kabbalistes appellent le péché une *Ecorce :* l'écorce, disent-ils, se forme comme une excroissance qui se ride à l'extérieur par la

---

(1) INITIATION, nov. 1894, p. 109.

sève qui se fige au lieu de circuler; alors l'écorce se dessèche et tombe. »

BHUTA-SARGA. — Elémental, Entité inférieure, commencement de création, c'est-à-dire alors que la matière était de beaucoup moins matérielle, plus subtile que celle de nos jours.

BHUTA-VIDYA. — Le savoir de l'exorciste, l'art d'exorciser et de guérir les démoniaques, après avoir chassé de leur corps les mauvaises Entités qui les possédaient. Ce terme signifie littéralement: le savoir du démon, du fantôme.

BHUTADI. — Substances élémentaires, l'origine des éléments; essence germinative de ceux-ci.

BHUTAU. — Vassal en titre du Dalaï Lama; c'est aussi une contrée habitée par des Buddhistes hérétiques et des Lamanistes anciens, qui suivent les règles de la *Dharma-Raja*.

BHUTESA ou BHUTESWARA. — Qualificatif appliqué à Vishnu, à Brahma et à Krishna, il signifie *littéralement* le Seigneur des Etres ou des vies existantes.

BHUTS. — Esprits, Fantômes, Démons; ce sont des Entités astrales, qui hantent les cimetières, se cachent dans les arbres; ils animent parfois des corps de décédés et vampirisent les hommes et surtout les femmes pendant leur sommeil.

BHUVA-LOKA. — Un des quatorze mondes.

BODHA-BODHI. — Sagesse, Savoir; c'est la possession innée de l'Intelligence ou la compréhension Divine.

BODHI. — Etat particulier de trance, dénommé aussi *Samadhi*. — Pendant cet état, le sujet arrive au *summum* de la Connaissance spirituelle.

Bodhi et *Sambodhi*, c'est l'Intelligence réceptive, en contradiction avec Buddhi, qui est la potentialité de l'Intelligence. — On nomme BODHI-DRUMNA ou simplement Bo, l'arbre de la Connaissance, le *Pipsala* ou *Ficus religiosa* des botanistes. — C'est l'arbre sous lequel Çakya-Muni médita pendant sept années et rechercha le Savoir, la Sagesse. — Ceci arriva 640 ans avant l'ère vulgaire.

BODHIDHARMA. — Religion-Sagesse ou la Sagesse contenue dans Dharma. — Ce terme désigne également un grand Arahat Kshastriya: le fils du roi.

BODHISATTWA. — *Lit.* Celui dont l'essence (*sattwa*) est devenue intelligence-sagesse, qui n'a plus qu'à faire une incarnation pour devenir Buddha, c'est-à-dire pour parvenir au Nirvânâ.

C'est aussi une manifestation de Buddha dans le monde des formes; il y a des *Bodhisattwas-Androgynes*, qui sont des Entités célestes des Esprits surhumains.

BODHYANGA. — *Lit.* Les Sept branches de la connaissance ou du savoir. Une des nombreuses catégories de *Bodhi Pakchika dharma*, qui comporte sept degrés d'intelligence (sept états de conscience *ésotériquement*) dont voici les noms : 1, *Smiriti* (la mémoire); 2, *Dharma Pravitchaya* (compréhension correcte ou distinction de la loi); 3, *Virya* (l'énergie); 4, *Priti* (la joie spirituelle); 5, *Prasrabdi* (la tranquillité ou quiétude); 6, *Samadhi* (contemplation extatique) et 7, *Upeksa*, (indifférence absolue pour toutes les choses.

BOEHME (*Jacobus*). — Théosophe éminent, né près de Goerlitz, en Allemagne, en 1575, de parents fort pauvres. Il fut quelque temps à l'école et quand il sut lire et écrire, il entra en apprentissage chez un cordonnier. Malgré ses modestes débuts, cet homme vraiment inspiré a écrit une œuvre merveilleuse) qui a été d'une utilité incontestable à un grand nombre de philosophes modernes.

Voici ce que l'un de nos contemporains, l'un des plus considérables, Claude de Saint-Martin, alors âgé de cinquante ans, dit de Jacob Bœhme : « Je suis indigne de délier les attaches des souliers de cet homme merveilleux que je considère comme la plus grande lumière qui ait jamais paru sur la terre, au-dessous seulement de Celui qui était la Lumière elle-même... Je vous conseille certainement de vous jeter dans cet abîme de connaissances des plus profonds mérites... Je trouve dans ses Œuvres une nourriture simple et délicieuse et je considèrerai comme une perte de temps de chercher les mêmes choses ailleurs (1). »

Ce que nous ajouterions ne pourrait qu'affaiblir un tel éloge ; aussi nous bornerons-nous à dire que ce que Bœhme enseignait sur Dieu et sur le monde spirituel était tellement en avance sur son époque, que non seulement la masse du peuple ne pouvait l'accepter, mais le clergé fut pour lui un ennemi implacable. Jacob Bœhme a beaucoup écrit ; ses ouvrages sont très estimés

---

(1) Dans une lettre à Kirchberger ; *in* vol. de la correspondance de celui-ci.

par les plus éminents philosophes. Saint-Martin a traduit de Bœhme: *L'aurore naissante;* les *Trois principes* et la *Triple vie.* Parmi ses livres les plus estimés, mentionnons son *Miroir temporel de l'éternité* ou *de la signature des choses,* traduit en français, 1 vol. in-8°, Francfort, 1669.

Bœhme ne commença à écrire qu'à l'âge de 36 ans. Il s'était marié en 1594; il n'avait donc que 19 ans) et comme il fut bon père et bon époux, il n'avait pas beaucoup de temps à donner à ses études, aussi ce n'est que tourmenté par une sorte d'obsession qu'il se décida à prendre la plume. Son premier ouvrage *Aurora* fut écrit en 1611 et publié en 1612. Cet ouvrage contient des révélations sur Dieu, l'homme et la nature, le Clergé de Gœrslitz se montra fort intolérant en condamnant cet ouvrage, mais aussi cette intolérance répandit le nom de Bœhme dans toute l'Allemagne et lui valut la protection et même le patronage de personnages influents.

Aussi, à partir de 1619 jusqu'au jour de sa mort, le théosophe allemand ne publia pas moins d'une trentaine de traités, parmi lesquels nous devons une mention toute spéciale à la *Description des trois principes de l'essence divine*, qui contient les vues de l'auteur mystique sur la Divinité, la création, la révélation et le péché. — *Un traité sur le repentir*, imprimé à son insu par ses amis, valut à Bœhme de violentes attaques de théologiens, attaques qui empoisonnèrent la vie du philosophe et abrégèrent certainement ses jours.

Abraham de Frankenberg, son disciple et son ami, a commenté ses ouvrages qui ne parurent complets qu'en 1682, en 10 vol. in-8°, à Amsterdam, sous la direction de Gichtel. Une autre édition en 7 vol. in-8° (I-VII) a été donnée par Schlider, Leipzig, 1831-1846.

Bœhme a eu un commentateur célèbre dans le médecin anglais John Pordage; du reste, les doctrines chrétiennes de Bœhme ont été répandues en Angleterre, où William Law a le premier traduit, en anglais, les œuvres du théosophe allemand.

BORBORIANISME. — Gnosticisme. — Premier grade de l'Initiation Gnostique; il consiste à faire une marque avec de la cendre sur le front du Néophyte, en disant:

Mnesai os ei.

La cérémonie se termine par ces mots : « Et maintenant vous faites partie des Borboriens ».

BRAHMA. — Avec un *a* bref, ce terme est synonyme de Parabrahm, de l'Absolu, du Maître ou Créateur de l'Univers. — Avec un *â* long, il désigne le sixième principe de l'Univers, la Soi Conscience Universelle. — Cf. au sujet de ce mot le *Dictionnaire d'Orientalisme, d'Occultisme et de Psychologie,* 2 vol. in-12 illustrés, Paris, H. Chacornac.

BRHAMA PRAJAPATI. — Brahma le progéniteur, *littéralement* le Seigneur des créatures. — Dans son aspect de Brahmâ, c'est la synthèse de Prajapati ou des Forces créatrices.

BRHAMA VACH. — C'est Brahma sous son double aspect masculin et féminin. — Vach est aussi dénommé parfois *Logos féminin.*

BRAHMA VIDYA. — Le savoir, la Science Esotérique sur les deux Brahmâ et leur véritable nature.

BRAHMA VIRAJ. — Brahmâ séparant son corps en deux parties (mâle et femelle) et créant entre elles *vach* et *viraj;* en d'autres termes, et ésotériquement Brahmâ : l'Univers différencié produisant par suite la nature matérielle (*Viraj*) et la nature spirituelle intelligente (*Vach*) qui est le Logos de la Divinité, ou l'expression manifestée de l'éternelle Idéation Divine.

BRAHMCHARI. — Un brahme ascète, voué au célibat, à la chasteté : on désigne aussi sous ce terme, un moine et un étudiant religieux.

BRAHMADANDA. — Epine dorsale; colonne vertébrale.

BRAHMAJNANI. — Celui qui possède la complète connaissance; en ésotérisme : un *Illuminé*.

BRAHMAN. — La plus élevée des quatre castes de l'Inde.

BRAHMANAS. — Livres sacrés indous; ouvrages composés par des Brahmans et pour leur usage.

Ce terme désigne également des commentaires profonds sur certains passages et parties des Védas, qui sont proposés pour les usages du culte rituel et pour servir de guide aux Brahmanes, qu'on dénomme *les deux fois nés*.

BRAHMARANDHRA. — Trou de la tête, au travers duquel passe l'âme du Yogi; c'est par ce trou que sort l'âme, qui réside dans la glande pinéale. C'est à ce trou que se termine la moëlle épinière. C'est, en un mot, l'endroit du sommet de la tête qui relie, par Sushumna, la ligne des vertèbres avec le cœur. C'est un terme mystique qui n'a, du reste, une signification qu'en mystique.

BRIHADARANYAKA. — C'est le nom d'un *Upanisad*, qui passe pour un des livres sacrés le plus secret des Brahmines. — *L'Aranyaka* est une sorte de Traité ajouté aux Védas; les Orientalistes le considèrent comme un ouvrage contenant des matières toutes spéciales à l'usage de ceux qui se sont retirés dans la jungle, afin d'y accomplir des méditations religieuses et philosophiques.

BRIHASPATI. — C'est à la fois le nom d'une Divinité et celui d'un Richi célèbre.

BUDDHA. — *Prononcer* Bouddha; ce terme signifie littéralement *Illuminé*, c'est-à-dire celui qui possède la Sagesse parfaite. — Le véritable nom du personnage, dont on fait la neuvième incarnation de Vishnou, est *Siddhartha*, nom royal: son nom de famille était *Gautama* ou *Gotama;* il était prince de Kapilawistu, riche province de l'Inde, située à environ cent milles au Nord de Bénarès et à quarante milles des monts Himalaya.

Buddha était né 462 ou 446 ans avant l'ère vulgaire.

A l'âge de seize ans, il épousa la princesse

Yasodhara, fille du roi Suprabaddha. Le père de Buddha se nommait Suddhodhana, et sa mère la reine Maya. Il régna sur la tribu Aryenne des Sakyas, c'est pourquoi on dénomme Gautuma *Cakyamuni* (le Sage des Sakyas).

Nous ne refairons pas ici la vie de ce saint personnage, bien connue de nos lecteurs; mais nous donnerons comme résumé et conclusion l'opinion de Barthélemy Saint-Hilaire, l'un des biographes de Buddha; voici ce qu'il a écrit:

« Sa vie n'a point de tâche; son constant héroïsme égale sa conviction, et si la théorie est fausse, les exemples personnels qu'il donne sont irréprochables. Il est le modèle achevé de toutes les vertus qu'il prêche; son abnégation, sa charité, son inaltérable douceur ne se démentent pas un seul instant.

« Il prépare silencieusement sa Doctrine par six années de retraite et de méditation; il la propage par la seule puissance de la parole et de la persuasion pendant plus d'un demi-siècle, et, quand il meurt entre les bras de ses disciples, c'est avec la sérénité d'un sage qui a pratiqué le bien toute sa vie et qui est assuré d'avoir trouvé le vrai. » (*In Dictionnaire d'Orientalisme, d'Occultisme et de Psycholo-*

gie.) Vol. I, page 193, (note 1); 2 vol. in-12 illust. Paris, H. Chacornac.

BUDDHACHAYA. — *Lit.* Le compagnon de Buddha. On prétend qu'il se montre aux sectateurs du Bouddhisme, lors de certains grands événements et même pendant des cérémonies imposantes, accomplies dans les temples, en commémoration des miracles de Buddha.

BUDDHAPALA. — *Lit.* Le fruit de Buddha, c'est-à-dire la possession des qualités d'un Arahat ou de celui qui pratique l'ascétisme dans sa rigueur absolue.

BUDDHI. — Principe de certitude; c'est aussi le principe de l'aspiration comme conscience. C'est le principe de l'illumination intuitive ou aperception de la vérité, qui n'a pas besoin du raisonnement; c'est l'instinct des grandes âmes (*Mahatmas*). Le Buddhi et le sens intime (*Antahkaranam*) sont le siège des qualités les plus pures de l'esprit humain, des qualités créatrices, esthétiques, morales et religieuses. Buddhi est la sagesse, l'entendement, l'intelligence; l'âme spirituelle, sixième principe de la constitution de l'homme.

C'est aussi la faculté de connaître, de discerner le bien du mal, c'est la conscience Divine, l'âme spirituelle, véhicule d'Atma. Quand Buddhi absorbe, c'est-à-dire détruit notre égoïsme avec ses *Vikaras*, *Avalokistershward* se manifeste à nous et *Nirvânâ* ou *Mukti* est atteint. Mukti est la même chose que Nirvânâ, c'est la délivrance de Maya ou de l'illusion.

BUDDHOCHINGA. — Le fils de Yoma (la lune) et de Rokini ou Taraka, la femme de Brihaspati, enlevée par le roi Soma, pendant la guerre des Asuras.

C

CAPNOMANCIE. — Divination au moyen de la fumée. Voir *Glossaire de la Divination*, de E. Bosc.

CHADAYATANA. — *Lit.*, les six demeures ou portes de l'homme, qui lui permettent d'éprouver les sensations; ce sont, sur le plan physique: les yeux, le nez, les oreilles, la langue, le toucher et l'esprit comme produit du cerveau physique et sur le plan mental, c'est-à-dire ésotériquement: la vue spirituelle, l'odorat, l'ouïe, le goût, le toucher et la perception. — *Chadayatana* est l'un des douze *Ni-*

dânas, qui forment la chaîne des causes et des effets.

CHAITANYA. — Fondateur d'une secte mystique de l'Inde, que quelques-uns croient être un avatar de Krishna.

CHAITRA. — Montagne de la Lune du calendrier hindou, qui correspond généralement à un nombre de jours compris partie en février, partie en mars.

CHAKCHUR. — Le premier Vidjnâna; *lit.*, l'œil, désignant la faculté de cet organe ou mieux une perception occulte des réalités spirituelles et subjectives.

CHAKRA. — *Lit.* Cercle ou disque; un des attributs de Vishnu; ce terme a pour synonyme *Nabou* et *Vajra;* il sert aussi à désigner un cycle de temps, des centres nerveux, et il a d'autres significations encore. La chakra est le symbole de l'autorité divine. Une des soixante-cinq figures de la Sapada, ou empreinte du pied de Buddha, qui contient ce nombre symbolique de figures. — On utilise la chakra pour certains phénomènes.

CHAKSHUB. — L'œil, modification oculaire de Prâna. — *Lokachakshub* ou l'œil du monde est un des noms du Soleil.

CHANDALAS ou CHHANDALAS. — Les hors castes ou sans castes, épithète que l'on donne aujourd'hui à tous les hindous des classes inférieures. — Dans l'Antiquité, ce terme était appliqué à une certaine classe d'hommes qui avaient renoncé à leurs droits à l'une des quatre castes. (Brahmans, Tchatryas, Vaisigas et Soudras). On les chassait de la ville et ils ne trouvaient de refuges que dans les forêts.

CHANDOGYA. — Nom d'un Upanishad, qui comprend une série de traités sur la philosophie ésotérique de l'Inde. (*Livre des Respirations*) (1).

CHANDRA. — La lune; c'est aussi une Divinité. — C'est le nom qu'on donne au souffle qui sort de la narine gauche ou souffle lunaire. — Enfin, le terme Chandra est synonyme de *Soma*.

CHANDRAGUPTA. — Le fils de Nanda, le premier roi Buddhiste de la Dynastie de Moriah, le grand-père d'Asoka, le bien-aimé des dieux. C'est lui que les écrivains grecs du temps d'Alexandre-le-Grand dénommaient *Sandracottus*.

---

(1) LE LIVRE DES RESPIRATIONS OU TRAITÉ DE L'ART DE RESPIRER, 1 vol. in-12, 2· édition, Paris, 1907.

Chandra-Kauta. — La pierre de lune; on prétend qu'elle a été formée et s'est développée sous les rayons de la lune qui lui ont donné des facultés occultes et des propriétés magiques. Elle a, dit-on, une influence véritable dans la fièvre, si on l'applique sur les deux tempes, parce qu'elle donne de la fraîcheur.

Chandramanam. — Méthode de calculer le temps par lunes.

Chandra Riddhi Pada. — Le stage du désir. — Ce terme est employé dans la Raja-yoga pour désigner la renonciation finale de tout désir et la condition *sine quâ non*, des pouvoirs psychiques, enfin l'entrée sur le sentier du Nirvâna.

Chandrayana. — Chronologie d'une année lunaire.

Chandra-Vasa. — La race humaine; ce terme est la contre-partie de *Suryavansa*, la Race solaire.

Chanton. — Celui qui a 1.000 yeux; c'est le nom de *Padmapani* ou *Cheuresi*.

Chaos. — Terme grec, qui sert à personnifier la profondeur, *l'abîme*.— En Egypte, le chaos était personnifié par la déesse Neith, la première née de toutes les Divinités; c'était la

Vierge-Mère, qui s'était engendrée elle-même et sans aucune fécondation ; c'était la création unique, sans sexe, puisque sans forme, née *ex Nihilo*. — Neith, qu'on prononce différemment (*Nut* ou *Nout, Nouts,* et même *Nepte*) est la Grande-Mère, la Vierge Immaculée, la Divinité Féminine, de laquelle procède la nature entière ; c'est le *Swabhâvat* des Bouddhistes du Nord, l'Aditi Védique, l'Akâsa des Puranas, car, nous dit Bronwick dans son volume sur *les Croyances Egyptiennes,* elle est non seulement la Voûte céleste ou l'Aither, mais elle apparaît aussi dans un arbre, d'où elle distribue le fruit de l'Arbre de Vie et verse sur ses adorateurs, l'Eau de Vie Divine ; d'où son titre de Notre-Dame-du-Sycomore. Une stèle antique du Musée de Berlin dit que cette Déesse, Neith la lumineuse, a engendré les Dieux, y compris Ra (le Soleil), car Aditi est la mère de Martanda, le Soleil ; un Aditya. Neith est encore Naus, la Nef céleste ; aussi la représentait-on sur la proue des navires, comme protectrice des matelots. — Le Tohu-Bohu de la Genèse, le Bahou de Babylone ne sont que des noms donnés à la Substance primordiale (*Chaos* ou *confusion*) qui fut la mère de tous les

Dieux; ceci semblerait démontré par Nabuchodonosor, qui dit dans une inscription cunéiforme: « J'ai bâti un temple à la Grande Déesse, ma Mère. » Enfin, le Chaos ou Neïth, qui est la protectrice, la Patronne des matelots, la Vierge des mers (d'où *Marie*, la Vierge Immaculée) est aussi la Nerfe des Etrusques, qu'ils représentaient moitié femme et moitié poisson (*corpus desinit in piscem*) explique jusqu'à un certain point les rapports de la Vierge-Marie chrétienne avec le poisson ou le signe des Poissons du Zodiaque. — La Nerfe des Etrusques passait pour seconder et rendre heureuse la navigation. Neïth, chez les Gnostiques, était dénommée Bythos, chez les Néoplatoniciens le Un, et chez es Assyrins Anaïta. (Cf. E. Boso, *Dictionnaire de l'archéologie et des Antiquités chez les divers peuples*, Paris, Librairies et Imprimeries réunies).

Charaksh. — Nom d'un écrivain en médecine, qui vivait à l'époque Védique.

Charvaka. — Il existe diverses entités de ce nom; l'une d'elles (un démon), Rackshasa, se déguise en Brahman pour entrer dans la Hastinapura.

Chatur-Maharaja. — Nom des quatre rois

Dévas qui gardent les quatre quartiers de l'Univers et sont en connexion avec Karma.

CHATUR-MUKHA. — Celui qui a quatre faces; c'est un des titres de Brahma.

CHATUR-VARNA. — *Lit.,* les quatre couleurs, c'est-à-dire les quatre cartes.

CHATUR-DOSA BHUVANAM. — Les quatre lokas ou plans de l'existence.

CHATURYONI. — Ce terme est synonyme de *karymaya* ou des quatre modes de naissances; les quatre voies pour entrer dans le sentier de la naissance, suivant ce qu'a décidé Karma.

CHATURYUGA. — Les quatre yugas, âges ou Cycles, savoir: Satya, Tretâ, Drâpara et Kali; ces âges comprennent ensemble une période de 12.000 années *divines*. Voy. DAIVA.

CHÉLA. — *Lit.* Enfant: disciple ou pupille d'un Guru ou Sage; le sectateur ou partisan d'un Adepte, d'une Ecole de Philosophie.

CHENRESI. — Nom du Tibétain Avalokitesvara, le Bodhisattva, Pâdmapani, la Sagesse Divine.

CHAYA. — Ombre ou Esprit. Le nom d'une créature de Sanjna, la femme de Surga qu'elle a produite par elle-même (par son corps astral), car, incapable de supporter l'ardeur de son époux, Sanjna cède sa place à Chaya comme femme. — On voit, par ce qui précède, que Chaya, dans la philosophie ésotérique, symbolise l'image astrale d'une personne.

CHHANDOGA. — Un *Samita* ou collection du *Sama véda;* ce terme désigne aussi un chantre-prêtre du Sama véda.

CHHANNANGARIKA. — *Lit.* L'Ecole des six cités; école célèbre de philosophie dans laquelle, on prépare les Chélas, avant de les faire pénétrer dans le sentier.

CHHAYALOKA. — Le monde des Ombres, des corps astrals, dont nous ne pouvons nous faire une idée exacte, actuellement; on le dénomme également *kamaloka.*

CHICHHAKTI. — C'est le pouvoir qui engendre les pensées.

CHIDAGNIKUNDUM. — *Lit.* Le feu du foyer dans le foyer; ésotériquement, la place de la force qui éteint tous les désirs individuels.

CHIDA KASAM. — Le champ ou la base de la conscience.

CHIKITSA VIDYA-SHASTRA. — Traité de médecine occulte qui contient un certain nombre de prescriptions magiques. — C'est un des *Pancha vidya shastras* ou *Ecritures.*

Chit. — La conscience abstraite.

Chitkala. — Dans la philosophie ésotérique, chitkala est identique aux *kumaras*, qui sont la première incarnation dans les hommes de la troisième race-mère.

Chitra Gupta. — Le Déva ou Dieu qui est le secrétaire ou le scribe de Yama (le Dieu de la mort), et qu'on suppose le rédacteur du récit de chaque vie de l'âme sur le livre nommé Agra Sandhani, lorsque l'âme apparaît avant le siège du jugement.

Chitra Sikkandinas. — La constellation de la Grande Ourse, dans laquelle habitent les Rishi; *lit.* Brillante étoile; c'est aussi un des astérismes lunaires.

Chitta Riddhipada. — Stage de mémoire. — C'est la troisième condition des séries mystiques qui conduisent l'Ascète à l'Adeptat, c'est-à-dire à la renonciation de la mémoire physique et de toutes les pensées qui ont trait aux événements personnels. On doit sacrifier la mémoire physique et l'on doit la remplacer par le pouvoir de la volonté, quand c'est nécessaire. L'expression *Riddhi Pada* signifie littéralement les quatre stades de Riddhi ou les quatre moyens de contrôle, soit: annihilation des désirs, mémoire, méditation de soi; cette méditation est entièrement spirituelle. Tout ceci doit être accompli avec des efforts de souffle ou respiration physique. — Cf. *Le Livre des Respirations, passim*, Paris, H. Chacornac.

CHOAN. — Terme thibétain qui signifie maître, chef, d'où les *Dhyan-choans*, qui sont considérés comme chefs des Dhyan, ou lumières célestes, qu'on a dénommés *Archanges*.

Les choans sont des Entités spirituelles très élevées, qui ne sont pas, par conséquent, incarnées dans la matière. Il existe diverses classes de Choan. — Cf. *Dictionnaire d'Orientalisme, d'Occultisme et de Psychologie* et *Petite Encyclopédie synthétique des Sciences occultes*. Paris.

CODDIANISME. — Second grade de l'Initiation Gnostique, qui se confère de la manière suivante: l'officiant tend la main au Récipiendaire lui disant: *Intra in vestibulum Sancti Templi et vigilia inter humiles.*

Il lui présente alors une petite coupe de plomb ou d'étain en disant: *Accipe humilitates poculum et inter Coddianos Ingredere.*

CONSOLAMENTUM. — Symbole et cérémonie

Gnostique, dont nous trouvons la description suivante dans le Rituel Gnostique *secret :*

« Un autel couvert d'une nappe blanche doit occuper l'Orient de la chapelle. Sur cet autel seront placés deux flambeaux; entre les deux flambeaux, l'Evangile Gnostique de l'apôtre Saint Jean. Derrière l'autel, le trône de l'Evêque et deux sièges pour le Diacre et la Diaconesse assistants. Les Parfaits et Parfaites se rangent devant l'autel, à gauche et à droite, les hommes séparés des femmes. L'orgue occupera le fond de la chapelle. Les Parfaites auront un voile blanc sur la tête, et les Parfaits une écharpe blanche autour du corps. Ceux et celles qui doivent recevoir le symbole sacré seront agenouillés devant l'autel et tiendront un flambeau dans la main. Au moment où S. S. l'Evêque entrera, l'assemblée se lèvera et le Chœur entonnera la prière Valentinienne:

Beati vos Œones
Vera vita vividi
Vos Emanationes
Pleromatis lucidi
Adeste Visiones
Stolis albis candidi!

CORPS PHYSIQUE. — Il est formé de matière solide, liquide, gazeuse, et des quatre états aithériques. Ces éléments, dont le plan physique tout entier est composé, retournent à la mort, c'est-à-dire, au moment de leur désagrégation, chacun à leur source première et s'y dissolvent.

CORPS CAUSAL. — Ce corps, qu'il ne faut pas confondre, (ce que bien des personnes font), avec le double aithérique, corps aithérique, objectif ou subjectif, est le corps Buddhique, l'âme spirituelle.

COSMOS. — Ce terme désigne notre système solaire; il y a lieu de faire ici une observation, c'est que le mot *visible* n'est pas synonyme de *manifeste*. Ainsi, par exemple, les mondes invisibles de notre chaîne planétaire sont complètement *manifestes*, bien qu'invisibles à nos yeux physiques; mais ceci n'empêche pas leur manifestation. Voy. KOSMOS.

D

DABADI, *Sansk.* — Fille de Suria, femme de Gavanura, prince de la dynastie lunaire et mère de Koururanga.

DAGADHARTHA, *Sansk.* — *Lit.* Char brûlé; nom d'un des chefs des Gandharvas, il fut ainsi surnommé parce que Arjuna mit un jour le feu à son char, pour le forcer à prendre la fuite.

DAITA GURU. — L'Instructeur des Géants, dénommés Daityas.

DAITYAS. — Génies malfaisants auxquels les Dévas font constamment la guerre. — La plupart des Daityas sont fils de Dité et de Kaciapa.

DAIVA. — Qui appartient aux Dieux, aux Dévas. — Un jour de Daiva égale une année de l'homme, donc une année de Daiva égale chaque jour 365 jours.

DAIVI-PRAKRITI. — Lumière primordiale, dénommée par certains Occultistes Hindous *Lumière des Logoï:* c'est le Logos même.

DAKINI. — Démons femelles, vampires, buveurs de sang (*asra-pas*).

DAKCHA ou DAKSHA. — Une des formes de Brahma et son fils aîné dans les *Puranas*. — Les Védas regardent Daksha, comme un des Prajapatis. — De sa femme Birini, il eut de nombreuses filles, dont l'une Saté fut mariée à Shiva.

Les Hindous considèrent Daksha comme l'auteur du premier système astronomique.

DALADA. — Nom d'une précieuse relique de Gautama Bouddha.

DALAI-LAMA. — Voy. LAMA.

DAMA. — Répression des sens; Continence.

DAMBULA. — Immense rocher de l'île de Ceylan, qui s'élève à environ 150 mètres au-dessus du niveau de la mer. Sa partie inférieure a été creusée et renferme plusieurs temples souterrains ou *Viharas*, dont quelques-uns sont antérieurs à l'ère chrétienne.

Ces temples passent pour les antiquités les mieux conservées de Ceylan.

DAMINI. — Un des vaisseaux du corps humain, plus particulièrement un de ceux qui se ramifient avec ceux du sein de la femme. Il est presque totalement inconnu des anatomistes occidentaux.

DAMMAPADAM. — Terme pâli, qui désigne un ouvrage Buddhiste contenant des préceptes de morale.

DAMODARA. — Un des surnoms de Vishnu; il lui fut donné, parce que Tambouza lui imprima sur le corps la marque de la plante de son pied.

DAMTCHOUK. — Cheval vert qui, dans la mythologie lamaïque, sert de monture à Maïdari. — Bien souvent, il figure dans les temples sous une forme hiéroglyphique parmi les sept bijoux.

DAN, JAN-NA, DHYAN. — Le terme de Dan devenu en phonétique Chinoise et Thibétaine *Ch'an*, est le nom générique des Ecoles Esotériques et de leur littérature. Dans les anciens livres de l'Inde, le terme *Jan-na* est défini comme « la réforme de soi-même par la méditation et la connaissance », une seconde naissance intérieure; de là, Dzan, phonétiquement Djan, le « livre de Dzyan » Blavatsky, Doctrine Secrète.

DANA. — *Lit.* La Charité, le premier des six paramitas du Buddhisme. — Par extension, ce terme désigne l'aumône faite aux mendiants.

DANAVAS ou DANOUS. — Mauvais génies, fils de Dunaou, continuellement en guerre contre les Dévas; ce terme est presque synonyme de DAITYAS (voy. ce mot). — Les Danavas firent deux fois la guerre à Indra et le forcèrent à sortir de sa demeure céleste, mais ce ne fut que pour fort peu de temps.

Ces démons géants sont des êtres opposés aux Dieux rituéliques.

DANGMA. — Désigne en ésotérisme l'âme purifiée et aussi un *Voyant*, un prophète, un Initié; celui enfin, qui a atteint la Sagesse Suprême.

DARASTA. — Magie cérémonielle pratiquée par quelques tribus de l'Inde centrale.

DARHA. — Esprits ancestraux des kolarians, habitants de l'Inde Centrale.

DARSANAS. — Ecoles de philosophie hindoues, qu'on dénomme aussi les Shad-Darsanas ou les six Démonstrations.

DASA-SIL. — Terme Pali. Les dix Commandements ou Obligations pris par les prêtres de Buddha, seules, les cinq obligations sont prises par des laïques.

DÉVA. — Un Dieu, une Divinité. Le déva est un être céleste, qui peut être bon ou mauvais indifféremment. Les Dévas habitent les trois mondes qui sont les trois plans au-dessus du monde physique. Il y a 33 groupes de Dévas qui ne comportent pas moins de 330 millions d'individus.

DEVADATTA. — Une des dix modifications du principe vital.

DÉVA-SARGA. — Création, l'origine, les principes, savoir: l'intelligence née des qualités et des attributs de la nature même.

DÉVAKAN. — Espace de temps compris entre deux incarnations successives. — Le désincarné trouve une variété infinie de manières d'être en Dêvakan. — L'AVITCHI est la contrepartie du Dêvakan. C'est en Avitchi, c'est-à-dire dans la naissance qui suit le Dévakan que l'homme règle les comptes de sa précédente existence, c'est même ce qui explique les inégalités dans les positions de la vie humaine. — Le repos relatif que les hommes goûtent en Dêvakan peut durer fort longtemps ; d'aucuns disent plusieurs siècles; on nous dit même que pour un homme de développement moyen, il s'écoule environ 1.500 ans depuis le moment de la mort jusqu'au commencement d'une nouvelle incarnation; nous ne devons ajouter à cette assertion aucune importance.

Les occultistes nous apprennent aussi qu'il y a des âmes qui n'ont point de période Dévakanique, entre autres les *Nirmanakyas*, initiés de haut grade et qui, par ce fait, sont délivrés de la vie mortelle et de ses mirages; ils sont ainsi au-dessus des illusions des Dêvakani; d'autres Occultistes, afin de ne point perdre leur temps en état Dêvakanique, réduisent de plus en plus leur repos entre deux incarnations, afin d'arriver plus promptement à une renaissance non suivie de mort; enfin, les âmes des personnes dont la vie terrestre s'est brusquement terminée par une mort violente, de quelque nature qu'elle soit et dont l'état dépend entièrement des préoccupations dominantes au moment de leur mort, ainsi que du degré de leur développement spirituel.

Le Dévakan ou *Dévaloka* signifie également et littéralement la contrée des Dieux; on le dénomme aussi la *contrée lumineuse*. C'est là où l'âme, dégagée de son enveloppe astrale et revêtue de son corps mental, va recevoir la récompense des bonnes actions qu'elle a faites au cours de ses existences terrestres.

En Devakan, l'âme voit bien que seule est réelle la vie Dévakanique et que la vie terrestre n'est qu'une suite d'illusions et de flagrantes aberrations; ce sont surtout les impressions mentales qui dominent en Dévakan.

DÈVAKANI. — Celui qui est passé en Dévakan; on applique ce même terme aux classes élevées des êtres célestes qui possèdent le savoir divin. — Les termes DEVAKAN et DEVAKANI sont Thibétains.

Voir au sujet de ces deux termes, DICTIONNAIRE D'ORIENTALISME, D'OCCULTISME ET DE PSYCHOLOGIE, tome I.

DEVAKI. — La mère de Krishna.

DEVA-LAYA. — La châsse ou reliquaire d'une Divinité. — On désigne également sous ce terme, les peuples Brahmaniques.

DEVA-LOKAS. — La demeure des Dieux ou *Dévas* dans les sphères supérieures. — Les sept mondes célestes au-dessus de Meru (le lac sacré).

DEVAMATRI. — *Lit.* La mère des Dieux; un titre d'Aditi; nom donné à l'espace mystique.

DEVANAGARI. — *Lit.* Le langage ou les écrits des Dieux ou Dévas; nom des caractères de la langue sanskrite.

Dans l'Inde ancienne, l'alphabet et l'art d'écrire ont été tenus secrets pendant longtemps; ce n'était qu'aux *Dwijas* (deux fois nés) et aux Initiés (*Dikshitas*), à qui il était permis d'écrire. On considérait comme un crime qu'un Sudra pût réciter un verset des Védas, et l'on punissait de mort, les individus des deux classes inférieures (Vaisya et Sudra) qui savaient lire et écrire. C'est même pour cela que le terme *Lipi,* (écrivain), ne se trouve jamais dans les plus anciens manuscrits, au dire des Orientalistes.

DEVASARMAN. — Ancien auteur, qui vivait un siècle après Buddha. Il a écrit deux principaux ouvrages de controverse religieuse.

DEVASHIS ou DEVA-RISHI. — *Lit.* Dieux rishi, les saints de vie divine, ceux qui parmi les Sages ont atteint la nature Divine sur la terre.

DHANISHTA. — Une des maisons lunaires.

DHARANA. — Concentration de l'esprit; phase dans laquelle le Yogi médite sur ses actions mentales. — Etat dans lequel l'esprit peut, dans la Yoga pratique, être fixé inflexiblement sur quelque objet de méditation.

DHARANI. — Dans le Bouddhisme, ce terme sert à désigner un simple Mantram ou des vers sacrés du Rig-Véda, Parmi ces anciens Mantrams ou Dhârani, beaucoup sont considérés comme mystiques et d'un usage efficace. A l'heure actuelle, il y a une Ecole d'Yogachârya, qui pratique et fournit des Mantrams qui ont de puissants effets. Le pouvoir occulte des Mantrams ne réside pas seulement dans le mot lui-même, mais surtout dans l'inflexion et dans la prononciation qu'on lui donne, car ici la vibration fait presque tout.

DHARMA. — Ce terme a un sens très complexe; il réunit, en effet, à la fois les idées de devoir, de lois, de principes ou Essence. — Chez les Bouddhistes, ce terme désigne, d'une manière générale, l'ensemble de ce qui est; c'est aussi la *Loi Sacrée*, le *Canon Buddhique*.

DHARMACHAKRA. — Ce terme désigne l'emblème du Buddhisme, comme système des Cycles, des Renaissances ou Réincarnations. — La rotation de la roue de la loi, etc.

DHARMAKAYA. — *Lit.* Le corps spirituel, glorieux dénommé *Vêtement de félicité*. — Le troisième et le plus élevé des *Trykaya* (trois corps), l'attribut développé dans chaque Buddha. C'est le troisième Buddhakchetra ou plans Buddhiques de la conscience symboliquement représenté dans l'ascétisme Buddhique, comme un vêtement lumineux de spiritualité. Dans le Buddhisme populaire du Nord de l'Inde, ces vêtements ou robes sont: 1. — Nirmana-kaya; 2. — Sambogayaka; 3. — Dharmakaya; arrivé à ce troisième le plus élevé, l'ascète est sur le seuil du Nirvâna.

Dharmaprabhasa. — Le nom de Buddha, quand il fit son apparition durant la septième race-mère sur notre terre.

Dharmasmiriti-Upasthana. — Ce long mot composé renferme un avertissement très mystique: « Le souvenir des constituants (de la nature humaine) dans leur origine, suivant les *Nidânas*, qui ne sont pas le *Soi*. »Ce qui veut dire qu'il faut suivre les enseignements des Ecoles Esotériques et non ceux de l'interprétation ecclésiastique.

Dharmasoka. — Nom du premier Asoka, après sa conversion au Buddhisme; c'était le Roi de Chandragupta, qui, toute sa vie, suivit Dharma ou *la Loi* de Buddha.

Le roi Asoka II n'était pas converti; il naquit Bouddhiste.

Dhatu. — Terme Pali, qui désigne les reliques du corps de Bouddha, qu'on avait réunies après son incinération (*reliquiæ*).

Dhruva. — Un sage aryen. — C'est aussi l'étoile polaire. — Un Tchatrya qui devint Rishi, après avoir accompli toutes les austérités de la religion. — Dhruva est aussi nommé *Orah-Adhar* ou le pivot des Planètes.

Dhyan Choans. — Seigneurs de la Lumière; ce terme s'applique aux Entités élevées (*Choans*) de l'espace, aux Entités spirituelles; ce sont les plus grands Dieux, les analogues des Archanges du catholicisme. — Les sept *Seigneurs sublimes* sont les sept Esprits créateurs, qui correspondent aux Eloims des Hébreux. V. Choans.

Dhyana. — C'est dans le Buddhisme une des six Paramitas de perfection. Un état d'abstraction qui amène l'ascète pratiquant au-dessus des plans de perception et du monde de la matière. — Ce terme signifie littéralement *Contemplation*. Les six stages du Dhyana diffèrent seulement quant aux degrés d'abstraction de l'*Ego* personnel de la vie des sens.

Dhyana Pasa. — La chaîne des Dhyanis ou Esprits; le cercle qui ne passe pas.

Dhyani Bodhisattvas. — En Bouddhisme, on désigne sous ce terme les cinq fils des Dhyni-Buddhas, qui dans la philosophie ésotérique ont une signification mystique.

Dhyani Buddhas. — Buddha de contemplation immuable; on les dénomme « ceux qui ont le cœur miséricordieux ». Adorés principalement dans le Népaul.

Diakka. — Entités dénommées par les Occultistes et les Théosophes, Ombres et Revenants, c'est-à-dire les Fantômes du Kama-loka.

DIGAMBARA. — Ce terme signifie, *littéralement,* habillé avec l'espace; aussi sert-il à désigner les mendiants nus. — C'est aussi un des noms de Siva dans son caractère de Roudra le yogi.

DIK. — Espace vide; vacuité.

DINGIR, en Accadéen MUL-LIL. — Les Dieux créateurs; les Créateurs.

DIPAMKARA. — *Lit.* Le Buddha de la lumière fixe; le prédécesseur de Gautama Buddha.

DISKHA. — Initiation.

DISKHIT. — Initié.

DIVYACHAKCHUS. — *Lit.:* L'œil céleste ou la divine perception. — C'est le premier des six Abhijnas. — La faculté développée par la yoga pratique de percevoir chaque objet de l'Univers qu'elle qu'en soit la distance.

DIVYASRÔTRA. — *Lit.* L'oreille céleste ou l'entendement divin; le second abhijnas ou la faculté d'entendre ou de comprendre le langage et le son produits par tout ce qui vit sur la terre.

DJANANA ou JUANA. — La connaissance; ésotériquement — la connaissance supérieure ou divine acquise par la Yoga. — On écrit aussi *Gnayana*.

DJATI. — L'un des douze Nidanas; la cause et l'effet de la vie prenant sa place suivant le *Chatur yoni*, quand dans chaque cas, un être quel qu'il soit, homme ou animal est placé dans une des six (ésotériquement sept) portes ou sentiers de l'existence sensible, que contient ésotériquement notre monde, savoir: 1° le plus grand Dhyani (Anupadak); 2° les Dévas; 3° les hommes; 4° les Elémentals; 5° les animaux; 6° les élémentals inférieurs; 7° les germes organiques.

Dans la nomenclature exotérique, ce sont, les Dévas, les hommes, les Asuras, les êtres de l'enfer, les prêtas ou noirs démons et les animaux.

DORJESEMPA. — *Terme thibétain.* — Le Diamant — âme, nom du Buddha céleste.

DORJESHANG. — Terme thibétain; un des titres de Buddha dans un de ses aspects le plus élevé, le nom du suprême Buddha; on dit aussi *Dorjé*.

DOUBLE AITHÉRIQUE. — On pourrait définir le double aithérique: le moule, l'enveloppe qui entoure notre corps physique et empêche la diffusion, la séparation des cellules qui le composent; il en est aussi *l'armature*, qui en soutient la masse, comme une armature en fer soutient la glaise du sculpteur. — Le double aithérique est composé de matériaux empruntés aux quatre états aithériques, qui constituent les quatre sous-plans supérieurs du plan physique. — C'est lui qui sert d'intermédiaire entre le corps physique et *Prana* (énergie solaire vitale, voy. PRANA), et grâce à son rôle de transformateur, il adapte prana aux cellules les plus grossières du corps terrestre.

En état de santé, le double aithérique transmue en si grande quantité l'énergie vitale dans le corps, que l'excédent rayonne autour de celui-ci et constitue l'AURA (voy. ce mot). On dénomme même cet excédent *Aura de la santé*, mais il n'est perçu que par les Clairvoyants (voy. *La Psychologie devant la Science et les Savants*, 3ᵉ édition, chapitre de l'aura humaine).

C'est grâce à *l'aura de la santé*, que le magnétiseur puise en lui-même, qu'il peut soulager et même guérir les malades.

Le double aithérique s'extériorise du corps des vivants et des morts et constitue ce qu'on dénomme le Fantôme; mais il renferme l'*Ego* de l'individu; sa force est celle du corps; quant à sa constitution elle est vaporeuse, assez opaque, cotonneuse pour ainsi dire, puisque dans les séances de matérialisation, on peut le toucher, le palper; il fait l'effet d'une toile épaisse d'araignée ou d'amadou léger.

L'Ego en s'échappant de sa prison de chair, extrait le double de sa grossière enveloppe; par ce fait, il brise le lien qui le rattachait au corps physique pendant l'existence.

DOUDAN-PAI-DEUPA. — Ce terme Thibétin a la même signification que le terme Sanskrit *Paramarthasatya* ou la *Vérité absolue,* la plus élevée la Soi — conscience spirituelle et perception; la Soi — conscience divine. — C'est un terme très mystique.

DRAVYA. — Substance dans le sens métaphysique.

DRESKANA. — Troisième partie du Zodiaque hindou.

DRISHTI. — Scepticisme; absence de croyance quelconque.

DUGPAS. — *Lit.* — Bonnets rouges; nom d'une secte du Thibet.

DUKKHA. — Peine, douleur, mal, souffrance.

Durga. — *Lit.* — Inaccessible, puissance féminine de Dieu; le nom de Kali, la femme de Siva, le *Mahesvera* ou grand Dieu.

Dustcharitra. — Les dix mauvais actes, savoir: les trois actes du corps, prendre la vie et le bien d'autrui, pratiquer l'adultère; quatre mauvais actes de la bouche, savoir: commettre des exagérations dans les accusations, médire et parler inconsidérément; et trois mauvais actes de l'esprit (manas inférieur), savoir: l'envie, la méchanceté ou vengeance et le manque de foi ou incrédulité.

Dwaiti. — Dualiste, c'est-à-dire partisan d'une doctrine qui admet une dualité: le génie du bien et le génie du mal.

Dwadhashausha. — Douzième partie du Zodiaque hindou.

Dwapara-Yuga. — Troisième âge ou *Yug* d'un Manvantara dans la philosophie hindoue, c'est-à-dire le second des quatre âges de *Pralaya*. (*Voy.* ce mot.)

Dwesa-Anger. — Un des trois principaux états de l'esprit (on en compte 63) qui sont *Raga-pride* ou le mauvais désir. *Dwesa-anger* dans lequel la haine a une grande part, et *Moha* ou l'ignorance de la vérité. — Ces trois états de l'esprit doivent être évités soigneusement.

Dwija. — Deux fois nés. — Anciennement, ce terme n'était appliqué qu'aux Brahmadans initiés, mais aujourd'hui il est appliqué aussi aux personnes qui occupent un rang dans les quatre castes et qui accomplissent certaines cérémonies religieuses.

Dwija Brahman. — Sorte d'investiture qui constitue la seconde naissance. Même le Sudra qui aime mieux payer pour cet honneur devient, après la cérémonie du passage à trouver l'argent et l'or, dénommé *Adwija* (non deux fois né), ce Sudra devient *Dwija*.

Dzyn ou en thibétain **Dzyan.** — Corruption du terme Sanskrit *Dhyan* et *Jana* qu'on prononce *Gnayana*, sagesse, connaissance Divine, Savoir Divin. Voir ci-dessus le terme **Dan.**

E

Ecorces. — Ce terme a deux significations très différentes. — Dans le Zohar et dans le livre des révolutions de l'âme, les mauvais Esprits ou mauvais génies sont dénommés Ecorces (en latin *Cortices*). — Les Ecorces du monde des Esprits sont plus ou moins transparentes suivant qu'elles ont appartenu, dans l'incarnation, à des personnalités plus ou moins avancées en spiritualité; les écorces du monde plus matériel sont opaques. D'après certains cabalistes, les corps de l'homme ne sont que les écorces de l'âme; celle-ci est délivrée de son écorce à la mort de l'individu. — Ce sont ces mêmes écorces que les spirites dénomment *Périsprit*.

D'autres cabalistes nous apprennent que la haine de l'écorce est ce qui motive la circoncision, car celle-ci retranche l'écorce de l'arbre paternel. — La circoncision est aussi une sorte de protestation contre l'idolâtrie, car elle dépouille le principe paternel créateur de son enveloppe extérieure ou écorce qui se dessèche, se ride et tombe finalement. — Cf. *Dictionnaire d'Orientalisme, d'Occultisme et de Psychologie.* V° ECORCES.

EGO. — Terme latin qui signifie *Moi*; l'Ego est la conscience qui réside en l'homme; l'Ego supérieur est le MANAS supérieur. — Voyez ce mot.

La Doctrine Esotérique constate dans l'homme l'existence de deux *Egos:* *l'Ego personnel* et mortel, et l'*Ego Divin* ou Impersonnel ; le premier représente la personnalité, et le second l'individualité. L'Ego personnel est le Manas inférieur : Kama. Voy. MANAS et KAMA.

EGO HUMAIN. — L'Ego humain est immortel, il n'est que la réverbération, la réflexion de l'*Esprit* ou *Soi supérieur;* c'est notre état particulier de conscience, que notre Soi Supérieur développe par le véhicule de la Pensée. L'*Ego* ou *Moi humain,* est l'ensemble de conscience de l'existence de l'homme, et comme c'est la *Monade divine* dans l'homme, cet ego est immortel ; donc la mort de l'homme n'est pas sa fin ; la mort, telle que le pense la généralité des hommes, n'existe pas.

EGOITÉ. — Ce terme dérivé de *Ego* sert à désigner l'individualité et non la personnalité ; il est l'opposé de Egoïsme.

EGREGORES. — Eliphas Lévi nomme *Egrégores* les chefs des Ames qui sont les Esprits de l'énergie et de l'action, et bien qu'ils puissent ou non être entendus.

Les Occultistes orientaux dépeignent les Egrégores comme des êtres dont le corps et l'essence sont faits avec ce qu'on dénomme la lumière astrale. — Ce sont les Ombres des esprits planétaires les plus élevés, dont les corps sont l'essence de la divine lumière la plus élevée qu'on dénomme aussi lumière primordiale. Voyez DAIVI-PRAKRITI.

EKNA. — Un ; ce terme est aussi synonyme de *Mahat*, d'Esprit Universel en tant que principe de l'intelligence.

EKNA-RUPA. — Le un (et le plusieurs) corps ou forme; ce terme est appliqué par les Puranas à la Divinité.

EKASLOKA OU SHASTRA. — Un ouvrage sur les Shastras (Ecritures) par Nagarjuna; c'est un ouvrage très mystique, qui a été traduit en chinois.

ÉLÉMENTAIRES. — Entités de l'espace provenant des hommes morts, des hommes désincarnés qu'on dénomme *Esprits*, qui peuvent apparaître aux vivants et leur donner des communications par l'intermédiaire de certains médiums. Les élémentaires ont les mêmes passions que l'homme, ils ne sont que la continuation de celui-ci dans le monde de l'au-delà, dans le monde astral. — Les occultistes et les théosophes définissent les élémentaires: des coques astrales, des restes Kamarupiques d'êtres humains en voie de désagrégation. Ils sont cependant capables de se revivifier temporairement et de devenir en partie conscients à l'aide du courant vital ou psychique qu'ils soutirent aux vivants. L'élémentaire est une Entité inférieure de l'homme; la fraction animale pourvue de son intelligence.

ÉLÉMENTAL. — Une des forces de la nature semi-intelligente. — Les Élémentals vivent dans les quatre éléments: la terre, l'air, l'eau et le feu. Ils sont dénommés par les Kabbalistes, ceux de la terre: Gnômes; ceux de l'air: Sylphes; ceux du feu: Salamandres; ceux de l'eau: Ondins et Ondines. M. Bosc a donné dans sa *Revue* (1) des articles remarquables, sur les Esprits de l'air, de l'eau et du feu, que nos lecteurs pourront consulter avec grand profit. — Disons, en terminant, que les Élémentals qu'on dénomme également *Élémentins* servent d'agents aux Occultistes pour produire des effets matériels très divers. Ceux de nos lecteurs qui désirent d'autres détails pourront en trouver dans les livres de Kabbale.

ÉMANATION. — Action d'émaner, c'est-à-dire

---

(1) LA CURIOSITÉ, *passim*.

de sortir, de provenir. Le fils est une émanation du père et de la mère ; l'amrita est une émanation de la mer de lait. Il existe en métaphysique, une doctrine de l'émanation qui émet des principes tout à fait contraires à l'E-VOLUTION, voyez ce mot. — Les Eons sont sortis de la Divinité, par émanation.

EPOPTIQUES. — Sous entendu mystères ; on applique ce terme aux grands mystères, qui n'étaient révélés qu'aux *Initiés* de hauts grades.

ECROUNIA. — Célèbre DAITYA (voy. ce mot) de la mythologie Hindoue, fils de Diti et de Kaciapa ; il se révolta contre Vishnu après la défaite de son frère Erouniaka.

Brahma avait accordé à Erounia et à Erouniaka, son frère, de grands privilèges qui semblaient même devoir les garantir de la mort. Il n'en fut rien, car un jour qu'Erounia raillait son fils Pragalata de sa croyance relative à la présence de Vishnu dans tout l'Univers, le père frappant une colonne ou plutôt un pilier, demandait en riant si Vishnu était dans ce pilier ; tout à coup celui-ci s'ouvrit et montra Vishnu moitié homme, moitié Lion qui s'élança sur Erounia, qui engagea une lutte terrible avec le Dieu, mais naturellement, il succomba. — Le fait que nous venons de rapporter constitue la quatrième incarnation de Vishnu, dénommée Narasingh-avatara.

Ésotérisme, Doctrine Esotérique, Doctrine Secrète. — Doctrine cachée, qui n'est point enseignée au vulgaire, mais aux seuls Initiés, c'est-à-dire à quelques privilégiés, qui l'ont mérité par leur instruction, leur savoir, leur avancement et leur haute Sagesse philosophique et théosophique.

La Science Esotérique reconnaît sept principes distincts, qui entrent dans la constitution de l'homme parfait; ces sept principes sont ainsi nommés en Hindouisme dans leurs noms sanskrits:

1° Rupa. — Le corps matériel;
2° Prana ou Jiva. — La vitalité;
3° Lingua Sharira. — Le corps astral;
4° Kama Rupa. — L'âme animale;
5° Manas. — L'âme humaine;
6° Buddhi. — L'âme spirituelle;
7° Atma. — L'Esprit.

Telle est la classification adoptée par le Buddhisme Esotérique.

La Science Occulte considère ces principes comme identiques entre eux, ne distinguant pas l'esprit de la matière, car la science Esotérique considère le matérialisme et le spiritualisme, comme une seule et même chose, mais qui se présente sous des aspects différents.

Ceux de nos lecteurs qui voudraient étudier l'Esotérisme, n'auraient qu'à consulter la Doctrine Esotérique à travers les âges (1).

Esprits. — Entités de l'espace de l'astral qui vivent très rapprochés de l'atmosphère terrestre et qui d'après la Doctrine spirite peuvent communiquer avec les vivants par l'intermédiaire des médiums. — Les Esprits se divisent en plusieurs catégories ou classes, suivant leur état d'avancement; les élémentals sont les Esprits inférieurs qui habitent la partie inférieure du plan astral, celle qui interpénètre l'atmosphère terrestre; les esprits élevés habitent le plan Dévakanique. — On nomme Esprits familiers, des Esprits qui apparaissent à certaines personnes, leur parlent, les conseillent; même Socrate avait un esprit familier, qu'on dénomme *Génie de Socrate*. Le roi de Rome, Numa avait comme Esprit familier, La Nymphe Egérie; etc., etc...

---

(1) La Doctrine ésotérique *à travers les âges*, par Ernest Bosc, 2 vol. in-12, Paris.

ESSÉNIENS, ESSÈNES. — Il s'était formé chez les Juifs, une secte qui s'était écartée dans ses croyances des dogmes mosaïques. D'après des kabbalistes, l'origine des Essènes ou Esséniens remonterait à l'époque des Macchabées; pour nous cette origine est beaucoup plus ancienne; elle remonterait à des milliers et des milliers d'années au-delà de cette époque; ce qui est certain, c'est qu'à l'époque de J.-C. qui était Essénien, il y avait à Jérusalem seulement, plus de 6 ou 7.000 Esséniens, qui tous avaient dû recevoir la *grande Initiation* en Egypte, dans l'Inde même, comme Jésus lui-même avait été l'acquérir dans ce pays lointain (1). Dans tous les pays les Esséniens paraissaient avoir vécu en communauté, ils vivaient du moins de cette façon en Judée; il existait de ces communautés en grand nombre autour de Jérusalem et sur les bords de la Mer Morte. On les distinguait des autres Hébreux, parce qu'ils portaient une robe blanche de laine, priaient beaucoup, méditaient davantage et faisaient de fréquentes ablutions; de plus, ils exerçaient avec beau-

---

(1) A ce sujet cf. ce qui est dit dans la VIE ÉSOTÉRIQUE DE JÉSUS DE NAZARETH, par Ernest Bosc, 1 vol. in-8, Paris.

coup de succès la médecine, car beaucoup d'Esséniens étaient *Thérapeutes*. Certainement à cette époque lointaine, les Esséniens étaient les dépositaires de la doctrine Esotérique pour les peuples de la Palestine, de la Chaldée et autres contrées voisines.

Évocation. — Action d'évoquer, d'appeler les esprits, afin d'établir des rapports, des communications avec les vivants. De tout temps, les hommes se sont livrés à l'évocation et nous voyons dans l'Ecriture Sainte (Moïse, 18, II), que le législateur hébreu défendait l'évocation, ce qui prouve bien que les Juifs s'y livraient. — D'après les Cabbalistes, le plus grand trouble pour ceux qui reposent dans la tombe, c'est l'évocation, car alors même que *Nephesch* a quitté la sépulture, l'esprit des ossements (*Habal de Garnim*) reste encore attaché au cadavre, et dès qu'on l'invoque, cette évocation atteint aussi *Nephesch*, *Ruach* et *Neschamad*.

Évolution. — Action d'évoluer, de changer, de se transformer en mieux.

L'Homme ou l'Etre depuis sa séparation du *Non Etre* ou Dieu, doit passer par une série de métamorphoses heureuses ou malheureuses; il doit parcourir des voies semées de douleurs et de martyres pour arriver ensuite, par une grandiose évolution, par une évolution dernière à son point de départ, l'immortalité; arrivé là, il pourra acquérir la toute puissance, même celle du non être lui-même. — Cette évolution de l'être à travers le temps et l'espace est une vérité qui se retrouve dans toutes les religions, vérité plus ou moins cachée par les dogmes, les symboles et les mystères; mais si l'on écarte quelque peu ces voiles plus ou moins épais, plus ou moins obscurs, on entrevoit toujours au fond de ces doctrines secrètes, la destinée finale de l'homme, destinée glorieuse, mais qu'il ne saurait atteindre qu'après avoir parcouru de longs cycles d'épreuves, alors que riche de la connaissance de sa propre nature, il se connaît lui-même à fond. — La connaissance de soi-même, voilà le grand but de la vie, but auquel tendaient les philosophes grecs, comme le prouve l'adage:

« Connais-toi toi-même. »

Exotérisme, Exotérique. — La doctrine exotérique dans une religion ou l'Exotérisme est l'ensemble des vérités qu'une religion expose à tous ses fidèles, tandis que l'Esotérisme (voir ci-dessus) est la partie de la même religion, qui est cachée aux yeux du vulgaire; on peut donc dire que l'Esotérisme voile toutes les vérités de la religion.

EXTASE. — Sorte de ravissement d'esprit qui peut être provoqué de diverses manières. L'extase est une sorte de suspension des sens matériels et une contemplation divine et surnaturelle. — L'Individu en extase ne ressent rien de ce que l'on peut faire subir de douloureux à son corps. Certaines personnes ont la faculté de pouvoir se mettre d'elles-mêmes en extase. Cardan cite un sacristain qui tombait sans vie chaque fois qu'il le désirait. Dans cet état, il ne ressentait rien, aucune douleur, aucune souffrance, aucun plaisir; on pouvait le brûler, le piquer avec des aiguilles et des ciseaux, il n'éprouvait aucune sensation; cependant il entendait et percevait tout ce qui se passait autour de lui, mais d'une manière confuse et comme si le bruit qui se faisait autour de lui venait de fort loin.

EXTÉRIORISATION. — Le corps de l'homme comporte une sorte d'enveloppe subtile, dénommée périsprit par les spirites et fluide *aithérique* par les occultistes, lequel fluide relie pendant la vie le corps à l'âme. Après la mort, quand le corps matériel, le corps physique est dissous, désagrégé, oxydé, l'individualité possède un corps aithéré que les occultistes dénomment *double aithérique*.

C'est aussi la *force extériorisée*.

Quand nous dormons d'un profond sommeil, notre astral (le fluide aithérique) se dégage et va où le pousse notre désir, notre volonté. Ce dégagement s'accomplit chez tous les hommes d'une façon inconsciente ; seulement certains hommes ne s'en doutent point et ne se le rappellent pas, par conséquent, tandis que certains se le rappellent et considèrent comme un rêve les scènes, les travaux ou les promenades accomplis en astral, car l'homme vit sur le plan astral comme sur le plan physique.

Le *Voyage en Astral* de MAB peut, à ce sujet, édifier le lecteur et nous pouvons dire, qu'à ce point de vue, il n'est pas possible de lire un volume plus intéressant (1).

« Des sensitifs, des médiums avancés, des psychomètres, des occultistes, nous dit Ernest

---

(1) VOYAGE EN ASTRAL ou *vingt nuits consécutives de dégagement conscient*, un volume in-12 de plus de 400 pages avec préface, notes et notules, par J.-M. DE VÉZE. Paris, H. Chacornac.

Bosc (1), peuvent même éveillés, dégager leur astral (leur double aithérique) de leur corps physique et ceux, parmi les adeptes ou initiés de l'occultisme, qui sont avancés, peuvent même à l'aide du fluide aithérique, matérialiser leur corps physique (passer du plan sthulique au plan astral) et se montrer fort loin de leur corps à des amis, à des connaissances, à des étrangers.

« Ces apparitions, quelque extraordinaires qu'elles puissent paraître sont réelles, on ne saurait les révoquer en doute; du reste de tout temps et chez tous les peuples, elles ont été admises et parfaitement constatées. Le Christianisme ou plutôt le catholicisme les a admises comme des miracles, miracles si l'on veut, mais les Pères de l'Eglise expliquent le fait, comme nous venons de le dire nous-mêmes. Nous ne mentionnerons à ce sujet que Tertulien par exemple, qui dans son *De Carne Christi* (cap. 6) dit: « Les Anges ont un corps qui leur est propre et qu'ils peuvent même transfigurer en chair; par celui-ci, ils peuvent même se montrer

---

(1) In Dictionnaire d'orientalisme, d'occultisme et de psychologie, 2 volumes in-12 avec de nombreuses illustrations. Paris, H. Chacornac.

aux hommes et communiquer ainsi avec eux. »

« Le corps des Anges dont il est question est tout simplement une sorte de double aithérique qu'ils manipulent d'une certaine façon pour le transformer en corps matériel. — Voilà ce que nous ne connaîtrons, que lorsque nous connaîtrons les lois de la matérialisation ».

Nous venons de dire que l'homme avancé en occultisme pouvait dégager son double aithérique, c'est-à-dire provoquer son *extériorisation;* c'est là un fait très certain; mais par quels moyens? Ceux-ci sont divers, mais l'initié n'en emploie qu'un seul : la volonté qu'il dirige d'une certaine façon, qu'il n'est pas permis de divulguer; et nous devons même informer ceux qui seraient tentés de s'engager témérairement dans cette voie, qu'elle est extrêmement dangereuse, semée d'écueils, qu'il faut être arrivé à un certain degré d'avancement en occultisme pour pouvoir tenter sans danger l'aventure, car on a besoin de trouver des guides sûrs pour de pareilles opérations et ces guides ne peuvent vous aider, vous seconder que quand on en est digne par un grand nombre de qualités que peu de personnes possèdent aujourd'hui.

F

FADÆ ET FASTICIDÆ. — On désignait sous ce terme, les Sibylles et les Prophétesses gauloises.

FAIRFOLKS. — Sorte de farfadets d'Ecosse, qui correspond à nos Fées.

FAKIR. — Dans l'Inde, on désigne sous ce terme, des charmeurs ou des jongleurs, auxquels la croyance populaire des Asiatiques attribue, avec raison, du reste, certains pouvoirs, qui aux yeux de la foule paraissent surnaturels. Pour beaucoup de personnes, ces Fakirs sont des prestidigitateurs très habiles, cependant ils ne donnent aucune représentation publique, ils n'ont aucun compère pour les assister, pas même un aide ou secours quelconque: gobelets, sacs, table ou boîte à double fond. Ils opèrent généralement nus devant une ou quelques personnes. Ils opèrent à domicile, sur des terrasses, des pavements de salles ou sur la terre nue d'un jardin. Ils n'ont guère en leur possession pour opérer leurs prodiges qu'un petit bambou à 7 nœuds qu'ils tiennent dans la main droite et un petit sifflet qu'ils suspendent dans une mê-

che de leurs cheveux. Ils ne portent aucun vêtement ; un simple carré de toile couvre leur nudité. Ils n'ont, par conséquent, aucune poche pouvant faciliter un escamotage quelconque. Suivant ce qu'on leur demande d'exécuter, ils prient la personne de leur remettre soit un crayon, soit du papier. S'ils ont besoin d'un sujet pour pratiquer des phénomènes d'hypnotisme, ils utilisent le premier domestique de la maison qui leur tombe sous la main. Quand ils ont terminé leurs travaux (qui durent parfois quelques heures), ils ne demandent aucune rétribution et se contentent de l'aumône qu'on veut bien leur donner. Le plus souvent, ils offrent cette aumône au temple, duquel ils relèvent. Les Fakirs exécutent des choses incroyables ; par exemple, ils font germer en quelques heures une graine et ils obtiennent une plante de quelques centimètres de hauteur, etc., etc. Il ne faut pas confondre le fakir avec le yogi, comme le font trop souvent les personnes peu au courant de l'Hindouisme (voy. Yogi).

FANÆ OU FATUÆ. — Dans la Rome antique, on désignait sous ce terme les nymphes, qui avaient le don de prophétie.

FAQUIR. — Voy. Fakir.

FARFADETS. — Esprits légers, lutins ou démons familiers qui peuvent rendre certains services à des personnes qui ont le pouvoir de les commander.

FASCINATION. — Sorte de charme qui empêche l'individu fasciné de voir les choses telles qu'elles sont réellement. (Voy. Charmes, Enchantements.)

FATALISME, FATALITÉ. — Doctrine de ceux qui croient à une destinée inéluctable. Rien n'est plus faux qu'une pareille doctrine; l'homme ayant toujours de l'énergie et de la volonté pour résister à des situations critiques ou à des malheurs. Pour accomplir son évolution, l'homme suit sa destinée, mais celle-ci a été constituée par son Karma, lequel est, jusqu'à un certain point, inéluctable (ce qui crée une sorte de fatalité, mais celle-ci peut être modifiée par un Karma différé et par d'autres circonstances encore que nous ne pouvons développer ici, car il nous faudrait sortir du cadre que nous nous sommes tracé. Donc, dans le sens que les orientaux ou du moins certains orientaux donnent à ce mot, la Fatalité n'existe pas. (Voy. Karma, comme complément du présent article.)

FÉES. — Il faudrait un gros volume pour

dire tout ce qu'on sait sur les Fées; aussi nous bornerons-nous, en disant que les Fées, Fadas, Fillandières, et même les Sylphes, sont des esprits ou génies de l'air. On peut considérer les Péris de l'Orient comme des fées, de même les Walkyries des peuples Scandinaves.— L'origine des fées remonte à une Antiquité très reculée, beaucoup plus reculée que les Nymphes des Romains et que les Druidesses des Gaulois, comme l'ont prétendu à tort certains mythographes. L'origine des fées se perd dans la nuit des temps: du reste, nous devons ajouter qu'il existe deux genres de fées: les unes considérées comme des esprits, et les autres comme de véritables magiciennes, telles, par exemple, que les élèves du magicien Merlin *l'enchanteur:* Morgane, Viviane et la Fée de Bourgogne.

FERVER OU FERWER. — Chez les Perses, on désigne sous ce terme la partie spirituelle de l'homme. D'après les disciples de Zoroastre, le Ferwer préexiste à notre naissance, il s'unit à nous, à notre entrée en ce monde, et après notre mort, il abandonne le corps. Il combat les Dews, et comme il est le principe de notre conservation; aussitôt qu'il nous quitte, le corps se dissout. Après le trépas, le ferwer devient immortel s'il a fait le bien; si au contraire il a pratiqué le mal, il est précipité aux enfers. Comme le ferwer porte à Dieu la prière, on le représente sous la forme d'un disque ailé. (*Ulmai islam in vallers, fragment Uber die Religion der Zorroaster; Thielle de Godsdients von zarasthustra*).

Au pluriel, ce terme sert à désigner les génies de la religion des Parsis, analogue au génie familier de Socrate; chaque homme aurait d'après le lecht-Faverdin, son Ferwer : « gloire, dit-il, aux purs, aux forts, aux excellents Ferwers, depuis Kaiomorts jusqu'aux héros de victoire Socioch; aux Ferwers des hommes et des étoiles... Louange aux Ferwers des hommes et des femmes de toutes les provinces de l'Iran.

FÉTICHE. — Ce terme dérivé du portugais *fetisso* (chose enchantée) est probablement dérivé lui-même du latin *fatum* (destin). Quelques archéologues prétendent que ce terme *fétiche* n'est que l'altération du mot *féticaria*, qui signifie *puissance magique*, lequel mot se rattache également par sa racine à *fatum*. Disons en terminant, qu'on désigne sous ce terme des objets qui, dans l'idolâtrie sont considérés comme des Dieux ou du moins comme des réceptacles des forces divines spéciales: coquillages, bois, arbres, etc...

Feu. — Un des quatre éléments qui a été adoré comme Dieu par quantité de peuples; selon les cabalistes, le feu est l'élément des Salamandres et nous ajouterons, et de beaucoup d'êtres. Nous n'insisterons pas davantage sur ce mot, et nous nous bornerons à renvoyer le lecteur au mot Agni. — Cf. également: *Dictionnaire d'Orientalisme.*

Feux follets, Esprits follets. — Il existe dans l'astral des formes, des fantômes, des esprits de désincarnés qu'on désigne sous ces termes, mais le vulgaire prend trop souvent pour des follets, des sortes de flammes légères qui se dégagent de la terre, plus particulièrement dans les cimetières, par suite de fortes chaleurs de l'été.

Fèves. — Légumineuse utilisée dans les opérations de magie pour la divination, pour les conjurations, etc... De nos jours encore, les jeunes Vénitiennes utilisent les fèves; ainsi, quand elles sont recherchées en mariage par plusieurs prétendants, pour connaître qui de ceux-ci sera le meilleur et le plus fidèle époux, elles consultent les fèves.

Finnes. — Sorciers finlandais qui ont la faculté de prédire l'avenir et le passé. Olaus Magnus prétend que certains finnes vendaient aux navigateurs trois nœuds magiques serrés à l'aide d'une courroie. En dénouant le premier, les navigateurs obtenaient des vents favorables; le second fournissait des vents beaucoup plus violents; quant au troisième, il déchaînait des tempêtes. Ce que nous venons de rapporter, qui peut paraître bien extraordinaire à nos lecteurs, est cependant admissible, quand on sait que certaines conjurations, certaines manières de siffler peuvent exercer une influence sur les vents.

Fluide. — Tout corps qui n'est pas solide: le gaz, l'air, la fumée, sont des fluides. Un fluide très important, c'est le fluide astral, nous en avons parlé à ce mot. A ce même terme, nous avons parlé aussi du fluide vital, que possèdent tous les corps. On peut lire au sujet de ce fluide un long article dans le *Dictionnaire de l'Orientalisme, d'Occultisme et de Psychologie*, de E. Bosc. (Paris, Chacornac).

Fluide universel. — Fluide qui est répandu dans toute la nature et qui a reçu des noms très divers: fluide Primordial, Aither, Nahash, Hylé, Protyle, Chaos, etc... (Voy. Aither.) Ajoutons ici cependant que le fluide universel a une triple nature, suivant qu'il est considéré dans son mouvement d'extension ou d'expansion (aod), de constriction ou restriction (aob) ou dans le cycle intégral de son double mouvement ascendant et descendant (aor). Au sujet de ce mot, nous conseillons au lecteur de consulter les ouvrages suivants: le Livre des Respirations, la Doctrine ésotérique à travers les âges (Paris-Chacornac), et l'Aimantation universelle.

Fohat. — Terme Sanskrit, qui est employé pour désigner la puissance active (mâle) de Sakti (femelle), pouvoir de reproduction féminine dans la nature. C'est l'essence de l'électricité cosmique. Dans l'occultisme Thibétain, ce terme est employé pour Daiviprakriti, (voy. ce mot), lequel désigne la lumière primordiale. Dans l'univers, c'est la manifestation, c'est l'énergie électrique, et le pouvoir incessant de destruction et de reconstruction, de formation.

Fohat est un feu qui détruit et qui engendre, qui renouvelle. — Dans le sens ésotérique, ce terme indique que Fohat est propulseur de la force vitale et aussi le résultat de la propulsion.

Follets. — Voy. Feux follets.

Fontaine, Fontaine de Jouvence. — Dans

l'Antiquité comme de nos jours, la crédulité publique a ajouté foi aux guérisons miraculeuses opérées par les fontaines et les sources, de là l'origine du culte des fontaines et des sources. La Fontaine de Jouvence avait le pouvoir de rajeunir les vieillards. Dans le mythe oriental, la source d'une jeunesse éternelle se nomme: *Fontaine Kheder.*

Que de personnes ont cherché cette fameuse fontaine de Jouvence sans la trouver ; mais cette recherche a eu ceci d'utile qu'elle a fait faire des découvertes à leurs explorateurs. Ainsi, dès 1512, Ponce de Léon, persuadé qu'il y avait dans une certaine île de Bimini, la fontaine si recherchée, part avec deux grands navires bien équipés pour aller à la découverte de la fontaine merveilleuse ; il longe la côte septentrionale de Saint-Domingue, traverse les Lascayes, voit bien un continent, n'y trouve pas de fontaine, mais ayant parcouru une terre merveilleuse toute semée de fleurs, il la nomme La Floride, parce qu'il y avait abordé dans la semaine de Pâques fleuries.

FRATERNITÉS. — Terme générique sous lequel on désigne des Sociétés ouvertes ou des Sociétés secrètes dans lesquelles se réunissent diverses personnes pour un but déterminé, généralement les Fraternités sont des Sociétés de bienfaisance.

Fumée (divination par la). — Voy. Capnomancie et Glossaire de la Divination, de la Magie et de l'Occultisme.

Fumigations. — Action de brûler certaines matières pour obtenir de la fumée. On pratique des fumigations en magie pour obtenir des résultats divers: pour faire des invocations, pour s'extérioriser, pour des incantations, pour des exorcismes. En magie, les fumigations ne sont que des théories accessoires.

Furies. — Génies redoutables de la mythologie antique, qui souvent n'étaient que l'identification de malédictions et d'exécrations personnifiées. Les Furies étaient des divinités infernales chargées d'exécuter la vengeance des Dieux. Au point de vue ésotérique, il y aurait beaucoup à dire sur ce mot, mais nous devons nous abstenir.

G

Gaganswara. — Terme sanskrit, qui signifie: *Seigneur du Ciel;* c'est un des nombreux noms de Garoudha. — Cf. *Addha-nari, ou l'Occultisme dans l'Inde Antique.* 1 vol. in-18, avec des ill. Paris, Chacornac.

GALATRI. — Voy. GAYATRI.

GANADEVAS. — Terme sanskrit, qui désigne une certaine classe d'Etres célestes, qu'on dit habiter le Maha-Loka. Ce sont les Directeurs de notre Kalpa (cycle). — Ce terme désigne aussi les *Seigneurs des kalpa* (kalpadhikarins). Enfin, ce même mot désigne « Un jour de Brahma ».

GANDALAPA. — Terme sanskrit, qui désigne un célèbre disciple de Brahma. C'est l'auteur des commentaires de la Sankhya-charia, de la manlukyaupanishad et autres ouvrages remarquables.

GANDHARA. — Terme sanskrit. — Note musicale de la gamme hindoue, qui a un grand pouvoir occulte; c'est la troisième sur l'échelle diatonique.

GANDHARVAS. — Célestes chanteurs et musiciens de l'Inde. Dans les Védas, ces Divinités révèlent aux mortels les secrets du ciel et de la terre; ils dévoilent également *La Science ésotérique.* Ils ont la garde du Soma sacré et le suc qui le produit, de même que l'ambroisie, ces liqueurs qui donnent à ceux qui les boivent dans le temple, l'omniscience.

GANDHARI. — Nadi, qui part de l'œil gauche, et qui a de grandes propriétés. — Conférer le livre des respirations, ou traité de l'art de respirer.

GANESA. — Dieu éléphantocéphale de la sagesse, le fils de Siva.

GANGA. — Déesse de la pureté, qui personnifie le Gange. C'est aussi le terme technique par lequel on désigne la *Respiration solaire*.

Cf. *Le livre des respirations*. 1 vol. in-12, Paris, Chacornac.

GANGA-WARA. — Le portail ou porte du Gange, le nom de la ville aujourd'hui dénommée « Hardwar »; elle est située au pied des Himalayas.

GANGI. — Sorcier renommé, qui vivait du temps de Kaciapa-Bouddha, prédécesseur de Gautama; il était considéré comme une incarnation d'Apala, le serpent gardien spirituel des sources de Subhavastou, rivière de l'Udyans.

GARHAPATYA. — Une des trois maisons du feu.

GHARI ou GHATI. — Période de 24 minutes.

GHARNA. — L'organe de l'odorat; modification odoriférante de PRANA. (Voy. ce mot, et JIVA).

GATHA. — Chants métriques ou hymnes renfermant des aphorismes de morale. La Gatha des 32 ouvrages est dénommée ARYAGITI.

GATRA. — Terme sanskrit, qui signifie littéralement les Limbes (de BRAHMA) duquel les Esprits-nés, fils des sept Kumaras, étaient nés.

GAUTAMA. — Nom du Bouddha, un des grands INITIÉS.

GAYA. — Ancienne cité de magdha.

GAYATRI et SAVITRI. — Les vers les plus sacrés adressés au soleil et contenus dans le RIG-VEDA. — Les brahmanes les répètent mentalement chaque matin et chaque soir, pendant leurs dévotions.

GELUPAS. — *Lit.* Bonnets jaunes. Nom d'une secte thibétaine, qui porte comme insigne le Dorjè, en sanskrit *Vadjra,* auquel on attribue la propriété de repousser les mauvaises influences et de purifier l'air. — Les Bhons ou Dugpas (Bonnets rouges) se sont approprié cet instrument. La secte des gelupas est la secte la plus élevée la plus orthodoxe du Thibet. L'antithèse des Gelupas sont des Dugpas (Bonnets rouges), qui sont considérés comme des adorateurs du démon.

GEMARA. Une des parties de la Cabale.

GEMATRIA. Une des parties de la Cabale. Voy. QUABBALAH.

GHARMA. — Un des noms de Kartékeia, le dieu hindou de la guerre et le Kumara, né de la sueur de Siva, après que les gouttes de cette sueur furent tombées dans le Gange.

GHOCHA. — *Lit.* Voix miraculeuse. C'est aussi le nom d'un grand Araht, l'auteur de l'Abidhamamrita shastra, qui restitua la vue à un aveugle en lui oignant les yeux avec les larmes tirées de ses yeux par l'audition de sa voix, d'une éloquence surnaturelle.

GHONGOR. — Divinité lamaïque, l'un des huit dieux infernaux nommés *Bourkans*. Les représentations figurées de ce dieu, nous le montrent porté sur un éléphant, ayant au cou un collier de têtes humaines, représenté avec une tête d'Eléphant comme Ganeça. Pour costume, il porte une simple peau de tigre retenue autour de ses reins par une écharpe verte.

GLOSSOLOLIE. — Néo-terme, que nous trouvons dans l'introduction, page 6, des HALLUCINATIONS TÉLÉPATHIQUES de Gurney et Podmore. Il y est dit: La glossololie semble être en grande partie un phénomène automatique réel, mais l'origine de ces mouvements automatiques, nous n'en trouvons pas l'explication dans les manuels qui sont dans les mains. Le cas de Swedenborg nous transporte bien au-delà des limites de la connaissance certaine; nous connaissons bien maintenant la folie et ce serait un pur abus de langage d'appeler Swedenborg, fou.

Avant même de critiquer ses visions célestes, il faudrait envisager en face le problème de la Clairvoyance, c'est-à-dire d'une faculté qui n'est point purement réceptive, mais active et qui nous fait percevoir des scènes éloignées et des choses inconnues. — Cf. au sujet de ce mot: *Psychologie devant la Science et les Savants*.

GNANA. — La connaissance appliquée aux sciences ou mieux à la Science Esotérique. Ce terme est l'opposé de Agnyana ou non-Connaissance.

GNANA-DEVAS. — *Lit.* Les Dieux de la Connaissance: c'est la classe la plus élevée des Dieux ou Dévas, « l'Esprit », fils de Brahma et autres, renfermant le *Manasaputras* (les fils de l'Intellect), ésotériquement « leurs Egos incarnés ».

GNANA-SAKTI. — Le pouvoir de la vraie connaissance : une des sept grandes Forces de la nature (ésotériquement six).

GNATA. — C'est l'Ego cosmique : l'âme consciente et intelligente du Cosmos.

GNOMES. — Les Cabbalistes désignent sous ce terme des intelligences, de petits génies de la terre et des montagnes, qui auraient la mission de garder les mines et les trésors enfouis dans le sein de la terre et des montagnes ; ce seraient donc les analogues des Dueguars et des Trols de la Scandinavie. Les gnômes seraient de petite taille et fort laids, tandis que leurs femmes seraient fort belles, au contraire.

GNOSE, GNOSTICISME, GNOSTIQUES. — La Gnose forme l'ensemble des connaissances acquises par la tradition et qui échappe ainsi aux procédés d'instruction ordinaires. Aussi les Gnostiques formaient-ils une société secrète, et ils n'enseignaient qu'à leurs membres l'Esotérisme totalement inconnu des profanes. Les Gnostiques font leur apparition dès le commencement du second siècle de l'Ere vulgaire ; on les considère comme les fondateurs du Gnosticisme.

Simon « Le Mage » et Cyrinthe-Philon passent pour les précurseurs du Gnosticisme. La doctrine révélée par ses fondateurs renferme toutes les données du pur Esotérisme. Matter, qui a étudié le Gnosticisme, divise les Gnostiques, en cinq groupes principaux. Nous ne saurions nous étendre ici plus au long sur cette secte si intéressante, mais à ceux de nos lecteurs qui voudraient approfondir cette question, nous leur signalerons un résumé très intéressant du *Dictionnaire d'Orientalisme, d'Occultisme et de Psychologie, Verbo* Gnosticisme et Gnose, et la Doctrine Esotérique à travers les âges.

GOBELINS. — Sorte de Lutins ou Farfadets, qui vivent dans les maisons et en protègent les habitants. D'après une tradition ou plutôt une légende, la manufacture nationale des Gobelins devrait son nom à ces lutins, qui leur auraient fait trouver les plus riches couleurs. — On dit aussi *Gibelins*.

GOGARD. — Terme Zend, qui désigne l'arbre de vie dans l'Avesta.

GOSSAIN. — Nom de certaines classes d'ascètes de l'Inde.

GOUPA ou GOUP-HA. — Retraite souterraine des Yoguis.

Gounis. — Exorcistes hindous, héritiers des magiciens des Tribus Dravidiennes.

Cf. *Dictionnaire d'Orientalisme, d'Occultisme et de Psychologie.*

Govinda. — Un des nombreux surnoms de Vischnu, celui de sa neuvième incarnation et qui signifie *littéralement* « Pasteur de vaches ».

Grand-Œuvre. — Terme générique, sous lequel les Alchimistes désignaient les séries d'opérations à exécuter pour obtenir la transmutation des métaux, c'est-à-dire la conversion des divers métaux en or, et pour fabriquer l'or potable ou Elixir de longue vie, sorte de panacée universelle. La pierre philosophale, la médecine universelle, la transmutation, sont des termes qui expriment les différents usages d'un même secret du « Grand-Œuvre ». Conf. — *Dictionnaire d'Orientalisme, d'Occultisme et de Psychologie,* 2 vol. avec figures.

Grimoire. — Formulaire magique, qui sert aux incantations et aux évocations. Les trois grimoires les plus connus sont: 1° celui du Pape Honorius, qui contient un recueil des plus « rares secrets », in-16 avec fig. Rome, 1670; 2° « Le grand Grimoire », avec la grande Clavicule de Salomon, in-18, sans nom de lieu ni date d'impression ; 3° *Grimorum verum, vel promatissimæ Salomonis claviculæ Rabbini Hebraici*, etc. — Ce grimoire a été traduit de l'hébreu, avec un recueil de curieux secrets, par Plagnières, à Memphis, chez Alibeck l'Egyptien, 1517, in-16. Le verso de cet opuscule fort rare porte: « Les véritables Clavicules de Salomon : Memphis, Alibeck, 1517. »

Grisgris. — Sorte d'amulettes de certaines peuplades de l'Afrique et d'autres pays. Chez les Maures d'Afrique, on désigne sous ce terme de petits carrés de papier sur lesquels sont tracés des mots magiques ou bien encore un verset du Koran.

Les Maures les portent sur eux, comme les catholiques les scapulaires, pour les préserver de toute sorte d'accidents ou de malheurs; ils les payent fort cher à leur marabouts ou prêtres.

Gunas. — Attributs, qualités; c'est aussi une corde filée ou cordon.

Gunavat. — Tout ce qui est doué de qualités.

Gupta-Vidya. — Ce terme, comme celui de Gupya-Vidya, désigne la Connaissance, « la Science Esotérique ».

Guru. — Maître spirituel, qui enseigne à un disciple l'Ésotérisme.

Ce mot qui signifie « Pasteur », est aussi un surnom qu'on applique à Bouddha, à Ganeça et à divers docteurs Çivaïtes. Voyez LANOUS. — On nomme le disciple du Guru, un *Chéla*.

H

Ha. — Syllabe magique, utilisée dans les formules sacrées; elle représente le pouvoir d'Akasa-Sakti. Elle s'appuie efficacement sur l'accent aspiré et elle produit le son.

Habal de Garmin. — Terme hébraïque très difficile à traduire en français; les Kabbalistes lui donnent comme traduction : Souffle des ossements » ou bien encore, « Esprits des ossements ». Quand l'homme meurt, *Ruach* se sépare de son corps, mais *Nephesch* y réside encore, car il a une grande attraction pour le corps; il n'abandonne, en effet, celui-ci que lorsque la pourriture l'en chasse. Cependant il en reste une partie, la partie spirituelle, qui descend jusque dans les ossements. Comme le dit le Zohar, c'est cette partie impérissable qu'on nomme « Habal de Garmin », c'est donc le corps lumineux, « le corps Astral ». C'est pour cela que les Kabbalistes le nomment « Corps de Résurrection » le Tzelem (image), fantôme de l'homme décédé. C'est le type inférieur du corps spirituel. C'est l'esprit des ossements mentionné par Daniel, par Isaïe et par les psaumes, et qui a trait à la vision d'Ezéchiel, autour du vêtement des os desséchés et sans vie. — Cf. *La Cabbale de Leiningen*, t. II, n° 18.

HABOND. — Reine des Dames Blanches, dont il est souvent question dans les romans du moyen-âge, (voy. le terme suivant).

HABONDIA. — D'après Delancre (*De l'inconstance des Démons*), Habondia est la reine des fées, des dames blanches, des bonnes, des larves, des furies et des harpies; d'après cet auteur, Habondia aurait beaucoup plus de sujets que Habond, (voy. ce mot).

HACELDAMA et HAKELDAMA. — Terme hébreu, qui signifie *littéralement:* héritage du sang; Haceldama est un petit champ acheté avec les trente deniers d'argent, que le traître Judas avait reçus pour trahir son Maître; c'est dans ce champ que Judas, après s'être pendu, fut enterré.

Hakhanin ou Makaschphim. — Termes hébreux, qui servent à désigner les magiciens ou plutôt les magistes de la Cour des Pharaons, qui avaient accompli des prodiges en luttant contre Moïse. — Ces termes signifient *littéralement* « Sages » ou « Savants ». Ces Magistes sont mentionnés dans l'Exode (vii. II et suiv.).

Hakims. — Ce terme sanskrit signifie *Médecin*.

Hamsa. — Oiseau divin, sorte de cygne qui sert de monture à Brahma.

Hamsaachara. — Processus du souffle, de la respiration.

Hanahad-Shad ou Hanahad-Shabd. — Sons mystiques, sorte de mélodie qui, venue des hauteurs Akasiques, frappent l'oreille de l'ascète, au début de son cycle de méditation.

Hasta. — Une des maisons lunaires.

Hastijivha. — Nadi qui part de l'œil droit.

Hatha-Yoga. — L'art de la respiration, mais avec l'intention de diriger sa respiration dans toutes les parties du corps. Nos physiologistes modernes croient à tort que l'unique but de la respiration est de remplir d'air les poumons; les anciens physiologistes hindous et égyptiens attribuaient à la respiration un rôle plus considérable. — D'après ce qui précède, on voit que les Anciens, les Hindous surtout, se faisaient une tout autre idée du phénomène de la respiration que nos physiologistes officiels. — Pour de plus amples détails sur cet important sujet, voy. le *Dictionnaire d'Orientalisme et d'Occultisme* à ce mot, ainsi que le *Livre des Respirations*, dans lequel se trouve une foule de notions des plus curieuses sur la Hatha-Yoga, sur laquelle il existe des livres sanskrits traduits en anglais (1).

Hioun. — Epithète appliquée à Brham; elle signifie bleu-foncé, et par extension : noir.

Hiraniagharba. — *Lit.* Utérus d'or, contenant en germe tous les êtres. — On applique cette épithète à Brahma, comme Créateur des mondes.

Hiranya. — Brillant doré, qualificatif de l'œuf de Brahma, dénommé *Hiranya-Gharba*, l'œuf brillant ou doré ou Matrice. Esotériquement, ce terme désigne le feu mixte lumineux et aithéré, puissance, de laquelle a été formé L'Univers.

---

(1) Cf. également, Traité de Yoga par Ernest Bosc, *seul ouvrage français traitant le sujet*, un vol. in-8°, Paris, 1909.

HOTRY. — Prières que renferment les Hymnes du Rig-Véda et qu'on adresse au Dieu du feu, à Agni.

I

IAMA-LOKA. — Voy. Yama-Loka.
IAMA-PUR. — Voy. Yama-Loka.
ICHKA. — La volonté ou le pouvoir de la Volonté.

IDÉATION COSMIQUE. — C'est la pensée éternelle imprimée sur la substance ou sur l'Esprit-Matière au commencement de chaque nouveau Cycle de vie.

IDDI. — Siddhi, les pouvoirs.

INDRA. — Dieu du Firmament, le Roi des Dieux Sidéraux. — C'est une Divinité Védique.

INDRANI. — *Sansk.* — L'aspect féminin d'Indra.

INDRIYA ou DEHA.—*Sanyama Sansk.* Le contrôle des sens dans la yoga pratique. Ce sont les dix agents extérieurs; les cinq sens qu'on emploie pour la perception sont nommés *Jnana-indriya*, et les cinq sens pour l'action *Karma-indriya*. *Pancha indryani* signifie *litter.*

dans un sens occulte « les cinq sources produisant la vie » (éternelle). D'après les Bouddhistes, il y a cinq agents positifs produisant cinq qualités supérieures.

INDRYA SAMVARA SILA. — Règle à suivre pour réprimer ses sens; c'est une des principales règles mises en pratique par les prêtres hindous.

INITIATIONS GNOSTIQUES. — L'Initiation complète des Parfaits et des Parfaites comporte six degrés:
  1° le Borborianisme;
  2° le Coddinianisme;
  3° le Stratiotisme;
  4° le Phibionisme;
  5° le Zachéisme;
  6° le Barbélitisme.

L'Initiation sacerdotale comprend deux degrés:
  1° le Diaconat;
  2° l'Episcopat.

L'ensemble de ces degrés constitue l'Ogdade Sainte.

ISOPANISHAD. — Nom d'un Upanishad.

ISWARA. — Le Seigneur ou le Dieu personnel; Esprit divin en l'homme. *Lit.* Souveraine

Existence (Indépendante) titre donné à Shiva et à d'autres Dieux de l'Inde. Shiva est aussi dénommé Iswara Déva ou Souverain Déva. Le sixième principe de l'Univers. Voici, d'après Kaygata, une description d'Iswara, dénommé aussi « Sabda braman » (le Verbe) : « Ses cornes, dit le Véda, sont au nombre de quatre, ses pieds au nombre de trois ; il a deux têtes et sept mains ; le taureau mugit, et le grand dieu descend dans les mortels. »

Commentaires. — Les quatre cornes sont les quatre genres de la parole ; les trois pieds sont les trois périodes de temps ; les deux têtes sont les deux natures du son : la nature éternelle et la nature temporelle ; les sept mains sont les sept genres de suffixes connus dans la grammaire sanskrite qui, reliant les mots, remplissent un rôle analogue à celui des mains chez l'homme. — Iswara est comparé au taureau, parce qu'il répand ses bénédictions sur celui qui l'appelle. Il mugit, il produit un son, c'est-à-dire se manifeste ; alors le son éternel s'est réalisé dans l'homme, de sorte que ce dernier peut réintégrer de nouveau dans le sein du Verbe ; c'est en lui qu'entrera l'homme qui connaît les modes de la parole et dont les péchés ont été remis par un judicieux emploi de cette même parole, précédée de la connaissance du langage et qui s'est dépouillée des liens de l'égoïsme.

J

JALABAS. — Sansk. Etudiants d'une partie mystique de la blanche yajur Véda.

JAGAD-D'HATRI. — Sansk. Substance: nom de la nourrice du monde. — Ce terme désigne aussi le pouvoir qu'avait Krishna et son frère Balarama dans le Devaki, sein de leur mère. C'est aussi un titre de Sarawasti et de Dourga.

JAGAD-YONI. — Sansk. Le sein du monde: l'espace.

JAGGAT. — Sansk. Désigne l'Univers. — Il signifie aussi le mouvement et la transformation continuelle, c'est-à-dire une chose, un état qui ne sont jamais les mêmes à deux moments consécutifs quelconques; qui passent constamment d'une forme à une autre. C'est par suite de cette définition que le philosophe ou Sage hindou considère l'Univers tout entier comme une série de mouvements constants, une sorte de flux d'énergie ou de Karma, comme ils désignent ce flux. Or comme ces mouvements comportent des modalités successives, ils considèrent l'univers comme des vibrations de degrés différents. Aussi ces Sages hindous disent que tout ce qui est visible dans l'Univers ne constitue que des agrégats de vibrations.

JAGRATA. — Etat particulier de veille.

JALARUPA. — Sansk. *Lit.* Corps d'eau ou forme. L'un des noms de *Makara* (le signe du Capricorne). C'est un des signes du Zodiaque le plus mystérieux et le plus occulte. Il figure sur la bannière de Kama, Dieu de l'amour et il est en conjonction avec nos immortels Egos.

JAMBU-DWIPA. — Sansk. L'une des grandes divisions dans le système Puranique.

JANAKA. — Sansk. Un des rois de Mithilâ de la race solaire.

JANA-LOKA. — Sansk. Le monde dans lequel des Munis ou Saints sont supposés habiter *post mortem physicam*. C'est aussi une localité physique, terrestre.

JANARD-DANA. — Sansk. *Lit.* L'adoré de l'esprit humain : titre de Krishna.

JAPA. — Sansk. Pratique mystique de certains yogis; elle consiste dans la répétition de mantrams et formules magiques.

JARAS. — Sansk. Vieil âge. Nom allégorique du cheval que tua par méprise, Krishna. Ce nom désigne la grande ingénuité des Brahmanes et le caractère symbolique des Ecritures du monde en général.

JATAYU. — Sansk. Le fils de Garudha. Ce dernier est le grand cycle au Mahakalpa symbolisé par un oiseau géant qui servait de coursier à Vishnu (et autres Dieux, quand ils parcouraient l'espace et le temps) pour défendre Sitâ, enlevée par Ravana le roi géant de Lanka et tué par lui. Jatayu est dénommé dans le *Ramayana,* le Roi de la tribu ailée.

JAYAS. — Sanskrit. Les Onze grands Dieux des Puranas, qui ont négligé de créer les hommes et par suite ont obligé Brahma à les faire renaître dans chaque Manvantara. Jayas est une autre forme ou aspect de la Réincarnation des Egos.

JIGTEN-GONPO. — Un des noms de Avalokiteswara ou Chenresi. — Padmapani, le protecteur contre le Démon.

JISHNU. — Sansk. Défenseur de l'hôte céleste; un titre d'Indra, qui dans la guerre des

Dieux contre les Asuras fut dénommé : Hôte de Dévas. C'est Michaël, le chef des archanges de l'Inde.

JHANA. — Etat d'élévation intellectuelle qui permet à celui qui l'a atteint de se rappeler ses existences passées et de pouvoir les retracer depuis son origine.

C'est ce qu'on nomme « Ondulations vitales ».

JIVA ou PRANA. — C'est la vitalité, un des sept principes qui entrent dans la composition de l'homme. La vie en tant qu'absolue. C'est aussi la monade ou Atma-Buddhi.

JIVATMA. — Sansk. Généralement le un de la vie Universelle. C'est aussi l'Esprit Divin dans l'homme.

JINENDRIYAS. — Sansk. Les cinq conduits ou Canaux de la Connaissance.

JIVAN-ELUKTA. — Sansk. Adepte ou yogi qui a recherché le dernier stage de la Béatitude, et qui s'est séparé de la matière : un Mahatma ou Nirvani, un habitant de la félicité et de l'émancipation, celui enfin, qui recherche le Nirvana pendant la vie.

JOGHI. — Synonyme de Yogi.

JVESHTA. — Une des maisons lunaires.

Jyotisha. — Sansk. Astronomie et astrologie; un des Vedângas.

Jyotishand-Jyotch. — Sansk. La lumière des lumières; le Suprême Esprit ainsi dénommé dans les Upanishads.

Jyotsna. — Sansk. Brillant; l'un des corps pris par Brahmâ, au matin et au crépuscule.

K

K. — Sansk. Suivant Max Muller, c'est le pronom interrogatif Qui? Erigé à la dignité de la Divinité sans cause ou motif. C'est encore ésotériquement le monde ; Brahmâ dans son caractère Phallique de générateur ou *Prajapati*

Kabbalah, voy. Quabbalah.

Kala. — Sansk.: Mesure de temps; quatre heures; une période de trente Kasthas, (v. ce mot). Ce terme signifie aussi le temps, le Destin, un cycle et un nom propre ou le titre donné à Yma, roi du Monde inférieur; juge de la mort.

Kalabhana. — Sansk.: Même signification que Taraka (v. ce mot).

Kalagni. — Sansk.: La flamme du temps. Une divine créature de Shiva; un monstre à mille têtes; titre de Shiva dans le sens de Feu du Destin.

KALA HAUSA. — Sansk.: Titre mystique donné à Brahma (ou Parabrahm) dit le Cygne dans le temps et hors le temps. — Brahmâ (mâle), dénommé *Hansa Vahan* (véhicule du cygne).

KALASUTRA. — Nom de l'enfer dans lequel les qualités du Tatwa, dénommé Vayu, sont confondues dans un douloureux mélange.

KALAVINGK, KURAVI KAYA et KARANDA. — Sansk.: La douce et suave voix de l'oiseau de l'Immortalité. — Eitel l'identifie avec *Cuculus Melanoleicas*, bien que l'oiseau même ne soit qu'un animal allégorique; on entend cette voix pendant un certain stage de *Dhyana*, quand on pratique la yoga. Elle réveilla, dit-on, le roi Bimbisara et le sauva ainsi de la piqûre d'un serpent cobra. — En Esotérisme, cette suave voix d'oiseau est notre Soi supérieur.

KALAYÉNI. — Sansk. Sectateur de Kali (la noire) l'amie des Rakshasas ou Démons nocturnes et roi des *Nagas* (Serpents). Kalayeni était un Mage noir et le roi des Yavanas, les hommes à la face jaune et le père de la belle Nysumba aux seins d'ébène.

KALEVALA. — Sansk.: La fin épique de la Création.

KALI. — Sansk.: La Noire, nouveau nom de Parvati, l'épouse de Shiva; mais primitivement l'u 'e des sept langues d'Agni, Dieu du feu: *la noire ardente langue*.

KALIYA. — Sansk.: Le serpent à cinq têtes, tué par Krishna, encore enfant. — Monstre mystique symbolisant les passions de l'homme; la rivière ou l'eau qui symbolise la matière.

KALI-YUG ou **KALY-YUGA.** — Espace de temps qui doit durer 432.000 ans: *lit.*: ce terme signifie « Age noir ». Les 5.000 premières années de ce cycle se sont terminées en 1897, vers le mois de février, pensons-nous. — L'âge noir par lequel passent toutes les races à leur déclin. — La cinquième subdivision de la race Aryenne (celle dont nous faisons partie) y est en proie depuis près de 5.000 ans. —Voici ce que dit un des livres sacrés de l'Inde, le Vishnu-purana: « En ce temps-là, il y aura des monarques de caractère instable et violent, hypocrites et méchants, qui feront périr les enfants et les femmes. Ils s'empareront de la propriété de leurs sujets et de l'épouse d'autrui. Leur pouvoir sera sans bornes; leur vie courte, leurs désirs insatiables. Les peuples suivront leurs exemples. Les Barbares seront tout puissants dans la faveur des princes. Les tribus pures seront négligées; et le peuple périra. L'abondance et la piété décroîtront jusqu'à l'entière dépravation du monde.

La propriété seule, conférera le rang; la richesse sera la seule source de dévotion; la passion, le seul lien entre les deux sexes; la fausseté, le seul moyen de réussir en litige; et les femmes seront de simples objets de gratification sexuelle.

L'extérieur sera la seule distinction des divers ordres dans la vie; l'homme riche sera réputé pur; la déshonnêteté sera le moyen général d'existence; la faiblesse sera la cause de dépendance; la menace et la présomption tiendront lieu de savoir; la libéralité, de dévotion; l'assentiment mutuel, de mariage; les beaux habits de gravité.

Le plus fort régnera. Le peuple, incapable de supporter le lourd fardeau des taxes, se réfugiera dans les vallées. Ainsi procédera le déclin de l'âge noir, jusqu'à ce que la race humaine approche de l'annihilation de cette période.

Alors une portion de cet être divin, qui existe spirituellement, le Kalki-Avatar (prochaine incarnation du Messie) doué des huit facultés surhumaines, descendra sur la terre. Il rétablira la droiture. Les esprits de ceux qui vivront à la fin du Kali-yuga s'éveilleront et deviendront lucides comme le cristal. Les hommes, ainsi transformés seront la semence, d'où naîtra une race qui suivra les lois de l'âge et de la pureté. »

Le Kali-yuga commença au moment d'une éclipse lunaire qui eut lieu dans le signe Zodiacal de la Vierge, au moment où étaient à peu près en conjonction, les Planètes : Jupiter, Mercure, Mars et Saturne. — Ne dirait-on pas que la description qui précède est la vraie situation des jours actuels.

KALKI AVATAR. — Sansk. : L'avatar du cheval blanc, qui deviendra au dernier Manvantara l'incarnation de Vishnu, suivant les Brahmines.

KALPA. — Longue période de temps composée de périodes moindres, dénommées *Manwantaras;* celles-ci comprenant à leur tour des périodes plus courtes dénommées « Yugs », il y a quatre yugs. — Cf. *Dictionnaire d'Orien-*

talisme, d'Occultisme et de Psychologie. V⁺ KALPA.

KALPA. — Dans la chronologie Brahmanique, c'est un jour de Brahma, soit 4.320.000.000 d'années. — Voir, BAILLY, *L'Astronomie Indienne;* A. LEDAIN, *L'Inde Antique,* in-18, Paris, 1896. — SINETT, *Bouddhisme Esotérique,* in-18.

KAMA. — Dieu de l'Amour. — Principes composés d'éléments Kamiques qui permet la sensation, l'émotion, le désir et l'impulsion. — Kama est l'énergie capitale formé par une collectivité d'élémentals Kamiques, qui sont les instruments du Manas inférieur. — Kama est encore l'aspect matériel de la Vie Universelle, le produit de l'action d'atma sur la substance Kamique.

KAMA DATHU. — Sansk.: Dénommée aussi Kamavatchara; c'est une des régions du Kamaloka.

KAMA-LOKA ou KAMALOKA. — Monde du désir et de la passion non satisfaits; c'est le séjour des Esprits, des Elémentaires, des Fantômes et des suicidés. — Ce terme désigne une partie du plan astral; une région séparée du reste de ce plan, non pas comme localité distincte, mais par l'état conscient des êtres qui s'y trouvent. Cet état est dénommé par les Hindous *Prétasloka* ou séjour des PRÉTAS (Voy. ce mot.) — Les désincarnés subissent en Kamaloka des transformations purificatoires avant d'avoir la faculté de pouvoir passer sur le plan mental inférieur, dans lequel ils goûteront la vie heureuse du DEVAKHAN (voy. ce mot). Le Kamaloka comporte sept subdivisions, et le corps astral de l'homme, suivant son plan plus ou moins dématérialisé, est en correspondance avec l'un ou l'autre de ces sous-plans.

Dans la Parabole du mauvais riche, nous lisons:

25. — Mais Abraham lui répondit: Mon fils, souviens-toi que tu as eu des biens pendant la vie et Lazare y a eu des maux; et maintenant, il est consolé et tu es dans les tourments.

26. — Outre cela, il y a un grand abîme entre vous et nous, de sorte que ceux qui voudraient passer d'ici vers vous, ne le peuvent, non plus que ceux qui *voudraient* passer par delà, ici (1).

---

(1) SAINT-LUC, c. XVI.

Ces versets montrent fort bien que dans l'astral, ceux qui sont en *Kama-Loka,* par exemple, ne peuvent passer en Dévachan. — Cette parabole démontre donc bien que Jésus connaissait parfaitement la Doctrine Esotérique, comme la connaissent aujourd'hui, les occultistes, les théosophes et autres adeptes de sociétés Esotériques.

KAMA-RUPA. — Ame animale, c'est-à-dire un des sept principes de l'homme. Voy. E. Bosc, *L'homme invisible dans l'homme visible.* 1 br. in-12, Paris.

KANDUKALA. — Sansk.: Temps fini et conditionné, en opposition avec le temps infini ou l'éternité (Kala).

KANISHTHAS. — Sansk.: Une classe de Dieux qui se manifestera, d'après les Hindous, dans le quatrième Manvantara de notre monde.

KANYA. — Sansk.: La Vierge ou Maiden (Kanya Kumari) titre de *Durga la Noire,* adorée par les Thuas et les Tantrikas.

KARANA. — *Sansk.:* La cause (métaphysique).

KARANA SHARIRA. — *Sansk.:* Le corps causal; Dualité dans la pensée. Exotériquement, c'est l'ignorance (Avidya) ou ce qui est cause de l'évolution de l'Ego humain dans ses réincarnations ; de là, le Manas inférieur ; ésotériquement, le corps causal ou Karanapadhi, résidant dans Taraka Raja-yoga et correspondant à Boddhi et le plus élevé Manas ou âme spirituelle.

KARANA-SHARIRA. —Corps lumineux des Etres qui habitent le monde des Dévas.

KARANDA. — Sansk. : Suave voix d'oiseau semblable à Kalavingka.

KARANOPADHI. — Sansk. : La base ou l'Upadhi de Karana, l'âme causale. Dans la Taraka Raja-yoga, elle correspond aux deux mânes et Buddhi.

KARMA. — Loi de la cause et de l'effet ; loi qui s'accomplit au cours de nos incarnations. — Ce terme possède un double sens : il signifie à la fois, loi de causalité, et c'est aussi le *doit* et *avoir* ou la balance du mérite ou du démérite de l'individu. Karma est, en un mot, un groupe d'affinités bonnes ou mauvaises, générées par l'être humain pendant la vie terrestre. — Le Karma est ce que les Grecs dénommaient Némésis ou la Déesse de la Vengeance ; mais en théosophie, c'est plus que cela, c'est aussi une loi de justice, de juste compensation; c'est l'action, la justice, l'équité; c'est la cause des réincarnations; la Loi unique, qui gouverne le monde des êtres. Il est la cause qui fait naître l'Effet; il est l'infaillible loi de la Rétribution, de Causalité qui, dans ses effets moraux très étendus, régit la création dans son entier et donne à chacun la part qui lui est due suivant ses mérites ou ses démérites. — Cette loi est dirigée et appliquée par les Grands Etres sous la surveillance desquels l'Homme est placée et qu'on nomme Lipikas (Voy. ce mot.) — Voy. la définition de Karma, d'après Sinnett, dans le *Dictionnaire d'Orientalisme et d'Occultisme et de Psychologie*. V° Karma.

KARTIKEYA ou KARTIKA. — Sansk.: Dieu Hindou de la guerre, fils de Shiva.

KAROUNA-BHAVANA. — Sansk.: La méditation de pitié et de compassion dans la Yoga.

KASINA. — Sansk.: Rite de la Yoya mystique, utilisé pour délivrer l'esprit de toute agitation et conduire au calme, à la paix, les Eléments Kamiques.

KASHTHA. — Division du temps, qui égale 3 secondes 1/5.

KATHAPANISHAD. — Un des Upanishads.

Kaumara. — Sansk. : La création ; jeune vierge sortie du corps de Brahmâ.

Kauravya. — Sansk. : Le roi des serpents (nagas) ; exotériquement : le vestibule, l'entrée.

Kawyavahana. — Sansk. : Le feu de Pitris.

Keshara. — Sansk. : Un yogi qui peut travailler dans sa forme astrale. — Keherpass signifie forme aérienne.

Ketu. — Sansk. : Descente ; en astronomie la queue du Dragon céleste, qui attaque le soleil pendant les éclipses ; c'est aussi une comète, un météore.

Key. — Sansk. : Symbole d'importance universelle ; l'emblème du silence chez les anciennes nations.

Kidho. — Tib. : Mauvais Démon femelle du Folklore populaire. — En Esotérisme, mauvaises forces occultes de la nature : Elémentins connus sous le nom sanskrit de *Dakini*.

Kimapurusha. — Sansk. : Monstrueux Dévas moitié homme et moitié cheval.

Kinnaras. — Sansk. : Ce terme traduit littéralement signifie : Qu'est-ce que l'Homme. Créatures fabuleuses décrites dans les *Kimpurus-*

has. Une des quatre classes dénommées *Maha-Rajas.*

KLESHA. — Sansk.: Amour de femme; *lit.:* peine et misère; et puis de même comme Kama, l'Amour (le Dieu).

KOMALA. — Douceur, tendresse.

KOSMOS. — C'est le Grand Univers ou l'ensemble des Univers visibles ou invisibles. — Le *non manifesté* est considéré comme l'Infini et le *Manifesté* est l'ensemble de *tout* le système solaire manifesté. — Il y a donc lieu d'établir une différence entre le *Kosmos* et le COSMOS. (Voy. ce mot.)

Le Kosmos comporte sept plans, subdivisés chacun en sept sous-plans. — Voy. PLANS.

KOUMBOUN. — Tib.: Arbre sacré du Thibet, l'arbre aux dix mille images.

KOUNDALINI ou KUNDALINI. — Pouvoir enflammé, qui habite la chambre intérieure du cœur, dénommée en sanskrit: Brahma-Puri. — Dans l'Esotérisme hindou, Kundalini est le pouvoir serpentin, le pouvoir annulaire, à cause de son travail ou progrès s'effectuant en spirale dans le corps du Yogi, qui a la faculté de développer en lui-même ce pouvoir. — C'est un pouvoir électrique, igné, occulte ou Fohatique.

— Voy. Fohat, dans le *Dictionnaire d'Orientalisme et d'Occultisme*. — « Fohat est la grande force primitivement cachée sous toute matière organique ou inorganique », nous dit la voix du Silence.

Kundalini est aussi dénommée *Pouvoir* et *Mère* du Monde; ce pouvoir mystique ou force des Yogis, c'est encore Buddhi considéré comme principe actif. — Cf. *La Doctrine ésotérique à travers les âges*, par Ern. Bosc. *Passim*.

KOURMA-AVATAR. — Seconde incarnation de Vishnu, qui, transformé en tortue, soutint le Monde ébranlé, lors du barattement de la mer de lait pour obtenir l'AMRITA. Voy. ce mot.

KRAM. — Symbole Tantrique (voy. TANTRAS) de l'idée de l'esprit humain s'élevant au-dessus des limites ordinaires du visible et regardant ainsi dans l'invisible. Les anciens philosophes tantriques avaient des symboles pour exprimer chaque idée.

KRATUDWISHAS. — Sansk.: Ennemis des Sacrifices: les Daityas, Danavas, Kinnaras, etc., etc., tous représentés comme des grands ascètes et yogis, qui sont réellement religieux, bien qu'ennemis de tout ritualisme.

KRAVYAD. — Sansk.: Carnivore, mangeur de

chair (Flesheater), opposé à Végétarien, fructalien.

Krikila. — Manifestation du principe vital, qui cause la faim.

Krishna ou **Krischna.** — C'est le nom de Vishnu dans sa huitième incarnation, celle qui passe pour la plus pure et la plus belle. Suivant une légende fort accréditée, Krishna (le Noir) naquit à Mathura (Madura) de Vaçouveda et de Devaki ou Devanaghi. — Krishna vint au monde à minuit, avec le lever de la Lune; il avait tous les attributs de la Divinité. — Tous les ouvrages scientifiques, historiques et religieux de l'Inde, sans exception, témoignent du fait suivant: c'est que Kansa, tyran de Madura, pour arriver à détruire Krishna qui devait, d'après une prophétie, le détrôner, fit massacrer tous les enfants de son âge dans la même nuit que Krishna, fils de la vierge Devanaghi. — On voit que le massacre des Innocents, ordonné par Hérode, n'est que la reproduction de l'ordre donné par le tyran de Madura, etc.

Krita-Yuga. — Sansk.: Le premier des quatre âges des Brahmans, dénommé aussi Satya-

Yuga. C'est une période de temps comportant 1.728.000 ans.

KRITANTA. — Un des surnoms du dieu hindou de l'amour, de KAMA. Voy. ce mot.

KRITTIKA. — Une des maisons lunaires.

KRITTIKA. — Sansk.: Les Pléiades; les sept nourrices de Kartikeia, le Dieu de la guerre.

KRIYASAKTI. — Sansk.: Le Pouvoir de la pensée.

KRURA-ZOCHANA. — Sansk.: Le mauvais œil, la *jettatura*. Il a été employé par Sani, le Saturne hindou.

KSHANTI. — Patience inépuisable, infinie, que rien ne saurait fatiguer, ni lasser. — C'est le nom de la troisième clef, qui ouvre un des portails qui conduisent l'aspirant au Nirvânâ. — C'est l'un des Paramitas de perfection. — Voir p. 116 du *Livre des Respirations*.

KSHATRIYA. — Sansk.: La seconde des quatre classes que comporte la hiérarchie Hindoue.

KSHETRAJNA. — Sansk.: Esprit incorporé; l'Ego inconscient dans ses manifestations les plus hautes. — C'est aussi le Seigneur, le Prince réincarnateur.

Kshetram. — Sansk. : Le grand abîme de la Bible : le Tohu-Bohu, le chaos, la yoni, Prakriti, l'Espace.

Kshira Samudra. — Sansk. : Océan de lait, baratté par les Dieux pour tirer l'amrita.

Kuch-ha-guf. — Heb. : Le corps astral de l'homme ; quelques auteurs écrivent phonétiquement **Couch-ha-guf**, Frantz Lambert entre autres.

Kuhu. — Nadi qui s'étend dans les organes de la génération.

Kumara. — Sansk. : Jeunes garçons vierges, dont les premiers étaient fils de Brahma, sortis des Limbes du Dieu, dans ce qu'on dénomme huitième création.

Kumara Buddhi. — Sansk. : Epithète donnée à l'Ego de l'homme.

Kumbhaka. — Pratique du Pranayama, qui consiste à inspirer le plus possible et à retenir cet air le plus longtemps possible dans les poumons. — Cette pratique a des résultats féconds.

C'est aussi tout ce qui prolonge l'intervalle entre l'inspiration et l'expiration. — Cf. *Le Livre des Respirations*, 2ᵉ édition. *Passim*.

Kurma. — Manifestation du principe de vie, qui cause le clignement de l'œil, des paupières.

Kusa. — Sansk. : Plante sacrée utilisée par les Ascètes Hindous. Elle est dénommée : Plante de bon augure, de bon présage. Ceci est très occulte.

Kusala. — Sansk. : Karma est la somme du mérite et du démérite de l'homme ; *kusala* est le mérite.

Kuvera. — D'après les Védas, c'est le chef des mauvais Esprits, vivant parmi les Ombres. C'est aussi le Dieu des richesses, le Pluton des Latins. — Le Roi des mauvais Démons du Panthéon Hindou.

L

Lakchmana. — Fils de Daçaratha et frère de Ramâ ; il le seconda dans la guerre contre Ravana.

Lakshana. — Sansk. : Les 32 signes physiques de Buddha, marques à l'aide desquelles on le reconnaissait.

Laksmi ou Sri ou Cri. — La Vierge-Mère, la Mère du Monde. Elle naquit dans tout l'éclat de sa beauté, comme Vénus Aphrodite de l'écume de l'Océan, agitée par les Dieux et les Asuras.

Une légende la représente ainsi au moment de la création du monde, flottant sur l'eau, sur une fleur de lotus. A chaque nouvelle incarnation de Vishnu, Laksmi se réincarne pour suivre la fortune de celui-ci. — On la nomme aussi *Lokamata* (mère du monde).

LAKSMI. — Sansk.; Prospérité, fortune. Vénus hindoue, née de l'écume, du barattement de l'Océan par les Dieux. Déesse de la beauté et femme de Vishnu.

LALITA-VISTARA. — Sansk.; Célèbre biographie de Sakya Muni, le Seigneur Buddha, par Dharmarakcha.

LAM. — Symbole du Tatwa-Prithivi.

LAMAS. — Thib. — Nom des prêtres thibétains buddhistes, qui se divisent en deux classes respectivement dénommées: les « Bonnets Rouges » et les Bonnets Jaunes ». La première classe possède à sa tête le Dailaï-Lama ou Grand Lama, qui a deux grands-prêtres sous ses ordres, dénommés le Bogdo-Lama et le Taranaout-Lama; au-dessous de ces dignitaires sont les Chamars.

LAMIA, LAMIES. — Démons femelles, qui, d'après la légende, habiteraient les cimetières pour dévorer les cadavres, dont elles ne faisseraient que les ossements.

Leur nom tirerait son origine de Lamia, nom d'une reine de Libye.

Lamrin. — Tib.: Volume sacré de préceptes et de règles écrit par Tson-Khapa pour l'avancement de la connaissance.

Lamayin. — Tib. Esprits élémentaires des plus bas plans terrestres, que la croyance populaire dénomme Diables et Démons.

Lanka. — Sansk.: Ancien nom de l'île de Ceylan.

Lankika. — Voy. Idhividhana.

Lanous. — Ce terme est synonyme de *Chéla* et signifie disciple.

Larves. — Entités malfaisantes de l'astral, qui affectent des formes très diverses et parfois fort répugnantes. Ces êtres s'attachent à l'homme comme de véritables parasites et vivent sur son corps et à ses dépens. Ceux de nos lecteurs qui désireraient de plus longs détails sur ce terme les trouveront dans le *Dictionnaire d'Orientalisme et d'Occultisme*.

Laya. — Passage d'un état à un autre; changement, transformation. — Ce terme est dérivé de *Alaya* (immuable). On nomme point de *laya* d'un élément, le point où sa différenciation commence ou cesse.

La doctrine Esotérique nous apprend que *laya* est le point où les atomes atteignent ou dépassent l'horizon des facultés des êtres de ce plan. Ce terme sanskrit a de nombreuses significations et comporterait de longues explications. Aussi renverrons-nous le lecteur aux ouvrages spéciaux, notamment à la Doctrine Esotérique à travers les âges, au *Dictionnaire d'Orientalisme et d'Occultisme*. — On dit aussi *Layam*. — Ce terme est dérivé de la racine *Li*, qui signifie dissoudre, désintégrer, un point d'équilibre en physique et en chimie. — En Occultisme, c'est le point où la substance devient homogène et incapable d'agir ou différenciée.

LHANKANG. — Tibet. Temple, crypte spécialement: temple souterrain pour l'accomplissement de rites et cérémonies mystiques.

LHAS. — Formateurs et Créateurs de notre corps d'illusion (*Mayavi-Rupa*). C'est le corps de la pensée, du rêve, du Manas inférieur.

La monade descend des sphères d'attente, mais elle n'a pas de prise sur la forme pure; elle est projetée dans les formes par les Lhas...

Ce terme thibétain désigne les Esprits de sphères élevées d'où le nom de LHASSA, la résidence du Dalaï-Lama.

LIMBUS-MAJOR. — Terme latin employé par Paracelse pour dénommer la matière primordiale ; la terre d'Adam.

LINGA ou LINGUAM. — Signe ou symbole de la création abstraite. — Forces devenues l'organe créateur sur notre terre. Dans l'Inde il y a douze grands linguams, dont quelques-uns sont des rochers, des montagnes tel le *Kederasa* dans l'Himalaya.

LINGA ou LINGHAM. — Symbole qui personnifie Çiva, le Saint-Esprit des Orientaux, et que les Occidentaux ne comprennent pas du tout, car au lieu de voir dans cet organe, le principe générateur le plus pur et le plus saint, les Occidentaux n'y voient qu'un organe impur.

LINGA-SHARIRA. — Terme pali, qui sert à désigner l'« âme astrale », sorte de double aithérique, de duplicatum du corps humain.

Cf. Ce terme dans le *Dictionnaire d'Orientalisme et d'Occultisme*. — Ce terme désigne le double de l'homme, le Doppellanger ou corps astral.

LIPIKAS. — Les lipikas ou Grands Etres, sous la dépendance ou surveillance desquels l'homme est placé, font partie de la hiérarchie des Esprits Universels, et y sont les plus éminents. — Ce sont, pour ainsi dire, les Scribes Divins qui tiennent le Grand livre de l'humanité, sur lequel, nous avons tous une page plus ou moins chargée de bonnes ou de mauvaises actions. Ce sont les Lipikas qui, dans le passé de l'Individu, sélectionnent les éléments capables de s'harmoniser ensemble, au cours d'une période d'incarnation.

Ce sont ces éléments dont ils font un choix scrupuleux, qui déterminent la ligne suivant laquelle l'Etre Humain, (quand il revient à l'existence), doit se mouvoir, s'il ne déploie lui-même une initiative spontanée. — C'est sur cette ligne, qu'il doit acquérir son progrès dans cette nouvelle existence terrestre, mais cette ligne comporte une partie de souffrance égale à celle qu'il pourra *prélever* (supporter) sur le total qu'a produit dans le passé sa mauvaise conduite. Les Lipikas ne ferment jamais le *Grand Livre;* ils y transcrivent inlassables, au jour le jour, nos bonnes et nos mauvaises actions.

Les Lipikas sont également dénommés Seigneurs de Karma ; ils forment trois groupes principaux, subdivisés en sept sous-groupes. Les lipikas sont des Esprits Universels.

Le premier et le deuxième groupe liés au Karma, en tiennent les Archives générales.

Le troisième groupe est chargé des Annales de notre monde.

Lokapalas. — Soutiens ou gardiens du monde, ce sont des Esprits planétaires.

Loka. — Sphère ou Cercle des êtres.

Lotus. — Grec. Plante très occulte, sacrée en Egypte, dans l'Inde et dans d'autres contrées ; elle est appelée l'enfant de la situation Universelle la ressemblance de sa mère dans son sein. Il fut un temps que le monde fut un lotus doré. (Padma) dit une légende. Une grande variété de ces plantes depuis le majestueux lotus hindou, proprement dit, jusqu'au lotus de marais (pied d'oiseau, trois feuilles) et les Dioscorides de la Grèce, en Crète et autres îles. — C'est une sorte de Nymphea primitivement introduit de l'Inde en Egypte, où il n'était pas indigène.

Lotus (*Seigneur du*) titre donné à divers

dieux, comme aussi aux Seigneurs de l'Univers, dont cette plante est le symbole.

LOUKI. — Mère; mère de la Terre. — C'est la Déesse Hindoue des grains et de l'abondance.

M

MAGHA. — La dixième maison lunaire.

MAGE, MAGIE, MAGISME. — Nos lecteurs ne s'attendent pas sans doute à ce que nous leur donnions dans un *Glossaire* l'explication de ces termes, car il nous y faudrait consacrer de longues pages, aussi les renverrons-nous à des ouvrages spéciaux; notamment au *Dictionnaire d'Orientalisme*.

Nous nous bornerons à dire que la Magie est la grande science. Suivant Devéria et autres Orientalistes, la magie était considérée comme une science sacrée inséparable de la religion, par les nations les plus anciennes, les plus civilisées et les plus évoluées.

MAHABHUTA. — Ce terme est synonyme de *Tatwa;* il sert aussi à désigner l'un des grands Germes, dans lequel préexista l'Univers, produit de l'union de Brahm et de Maya; c'est pour ainsi dire la condensation de tous les éléments à l'état radiant.

MAHA-BOUDDI. — Sansk.: *Lit.* La Grande Certitude, qu'on confond trop souvent avec Atma-Buddhi; mahabuddi, c'est la monade éternelle.

MAHA-BUDA. — *Lit.:* La Grande Substance ou l'Akasa.

MAHA-DEVA. — Sansk. Grand Dieu, titre de Shiva.

MAHA-GURU. — Sansk. Le Grand Instructeur; l'Initiateur.

MAHA-KALA. — L'enfer dans lequel les qualités du Tatwa Prithivi sont fondues dans une excessive douleur.

MAHA-KALA. — Sansk.: Le Grand temps; un des noms de Shiva, comme destructeur et de Vishnu comme préservateur.

MAHAKALPA. — Période d'activité, qui succède à la période de repos qui est d'une durée correspondante à la Mahapralaya; c'est l'*expir* de Dieu, expir d'où naissent les mondes. Quand un Univers doit être évolué, Dieu se manifeste sous trois aspects que l'on pourrait comparer aux trois faces d'un prisme.

Ces trois aspects sont: le premier logos, (le non manifesté) nommé le PÈRE.

Le deuxième logos, (le manifesté), c'est Dieu le fils.

Le troisième logos est le Saint-Esprit; ces trois aspects constituent la *Trimourti* ou Trinité.

MAHAMOHA. — Une des cinq misères de Patanjali; ce terme est synonyme de *Raga, désir* d'obtenir ou de conserver.

MAHAPRALAYA. — Période de repos, qui succède à la période d'activité dénommée: Mahakalpa, et qui est d'une durée correspondante. La Mahapralaya est l'*inspir* de Dieu, pendant lequel les mondes entrent en obscuration et se résorbent en leur créateur. A ce moment, commence le repos jusqu'à l'heure où le Logos recommence à entrer en activité et émane de nouveaux mondes.

MAHA-DURUSHA. — Sansk.: Suprême ou Grand esprit: un des titres de Vishnu.

MAHABHASHYA. — Sansk.: le grand commentaire de la grammaire de Panini par Patanjali.

MAHARAJAHS. — Sansk.: La quatrième grande Divinité karmique suivant les Buddhistes du Nord placée aux quatre points cardinaux.

Maharajikas. — Sansk. : Une Gana ou classe de Dieux, au nombre de 236. Certaine force dans les travaux ésotériques.

Maharag, Mahauraga. — Sansk. : le grand serpent, Seshas ou quelqu'autre.

Mahashwara. — Le grand Seigneur, le grand Pouvoir.

Maha-Sanyata. — Sansk. : Espace ou éternelle loi ; la grande voix ou le cahos.

Mahasura. — Sansk. : le grand Asura ; ésotériquement Satan ; exotériquement le grand Dieu.

Mahat. — Sansk. : *Lit.* Le grand *Un*. Le premier principe de l'intelligence et de la conscience Universelle.

Mahatmas. — *Lit.* Grandes Ames. Ce terme sert à désigner les adeptes des sciences occultes centralisées aujourd'hui en Asie.

Mahatatwa. — Sansk. : La première des sept créations appelée respectivement dans les Puranas : Mahatatwa, Chûta, Indriya, Makhya Tiryaksrotas, Urdhwasrotas et Aroaksrotas.

Mahaurta. — Espace de temps qui égale 49 minutes.

Maha-Vidya. — Sansk. : La grande science ésotérique. Les grands Initiés sont seuls en possession de cette science, qui embrasse le savoir Universel.

Mahavi Rupa. — Sansk. : Forme illusoire, le double (Döppellanger) dans la philosophie Esotérique ; le périsprit des spirites.

Mahayana. — Pal. Ecole, *lit.* Le grand véhicule ; le système mystique fondé par Nagarjuna.

Mahayuga. — Sansk. : La réunion de 4 yugas ou âges de 4.320.000 années solaires ; un jour de Brahmâ, dans le système Brahmanique ; *lit:* le grand âge.

Makara. — Sansk. : le Crocodile. En Europe le même, que le Capricorne, le dixième signe du Zodiaque. Esotériquement, une classe mystique de Dévas. Suivant les Hindous le char de Varouna, le Dieu des eaux.

Maitreya-Buddha. — Sansk. : Le même que Kalki avatar de Vishnu (le cheval Blanc avatar).

Makaraketu. — Sansk. : le nom de Kama le Dieu hindou de l'amour et du désir.

Manas. — Terme pali, qui désigne l'un des sept principes qui entrent dans la composition de l'homme parfait ; c'est le cinquième principe : l'âme humaine qui est le siège de la raison et de la mémoire. L'âme humaine n'est pas actuellement développée comme elle pourrait l'être; il n'y a rien d'étonnant dans ce fait, puisque encore de nos jours, une grande partie des hommes nie l'existence de l'âme. Ce qui a les plus graves conséquences, car l'humanité, par une loi de solidarité trop peu connue encore, de même que le progrès intellectuel et spirituel de l'espèce, sont enrayés dans leur marche par le matérialisme; de sorte que les *Esprits avancés* ne peuvent prévoir, par la faute des *Esprits rétrogrades*, à quel avenir peut atteindre la race humaine. Ce terme manas comprend, dans le Kama-Loka, trois divisions ou gradations de l'âme: le brutal, le mental et l'idéal.

Il y a eu des humanités sans manas, et ce principe, nous venons de le voir, est encore très imparfait dans l'humanité actuelle. Le corps physique est destiné à s'atrophier de plus en plus, et le corps astral à devenir l'enveloppe ou l'écorce de l'homme: ce qui était sans doute à son origine, avant que l'homme eût succombé à ce que les religions dénomment le *péché originel*.

MANASA ou MANASWIN. — Sansk.: Les effluves de l'esprit divin, en tant que ces effluves signifient le manas ou les divins fils de Brahma.

Manasa-Dhyanis. — Sansk.: Les plus élevés Pitris dans le Purana; Agnishwatthas, ou les ancêtres solaires de l'homme, ceux qui ont fait de l'homme un être raisonnable en incarnant dans leur forme insensible de leur corps semi-aithérique des hommes de la troisième race.

Manasaputra. — Ego spirituel qui pour nous aider dans notre évolution, s'est, pour ainsi dire, incarné en nous, tant il vit parallèlement à notre vie.

L'homme n'est certainement qu'une forme, qu'une image projetée dans la matière, dans la substance primordiale arrivée aux confins de son activité vibratoire, au point de l'espace où le rayonnement du jet créateur ne donne plus que le minimum de sa puissance.

Manas-Sanyama. — Sansk.: Parfaite concentration de l'esprit et son contrôle pendant les pratiques de la Yoga.

Manas-Taijasi. — Sansk.: *Lit.* le rayonnant Manas; état le plus élevé de l'Ego, que seuls sont capables de comprendre et de réaliser les métaphysiciens élevés.

Manasas. — Sanskrit. Ceux qui douent l'humanité du Manas ou intelligence, l'immortel Ego dans l'homme.

MANASASAROVARA. — Sansk. Phonétiquement on prononce *Mansoravara*. Lac sacré du Tibet, dans les himalayas dénommé aussi *Anavatapta*. Manasasavora est le nom de la divinité tutélaire de ce lac et suivant un folk-lore populaire, on dit que c'est un NAGA ou Serpent.

MANAVA-DHARMA-SHASTRA. — Sansk.: C'est l'ancien code de la loi de Manu.

NANAVA. — Sansk: Une terre de l'Inde ancienne, un kalpa ou un cycle. Le nom de l'arme employée par Rama.

MANDALA. — Sansk.: Un cercle. C'est aussi les dix divisions des Védas.

MANDARA. — Sansk.: La montagne utilisée par les Dieux, comme un bâton, pour baratter l'Océan de lait, dans le Puranas.

MANDRAGORE. — Plante dont la racine a la forme humaine. En Occultisme, elle est employée par les magiciens noirs pour diverses fins illicites, quelques occultistes de la main gauche en forme des *homunculi*.

MANJUSRI. — Tib. Dieu de la Sagesse. Dans

la philosophie Ésotérique, une sorte de Dyan choan.

MANODHATU. — Sansk. *Lit.* Les travaux de l'esprit comprenant non seulement les facultés mentales mais aussi une des divisions du plan de l'esprit. Chaque être humain étant son *Manodhatu* ou plan de pensée proportionné au degré de ses facultés intellectuelles et mentales suivant lesquelles, il peut étudier et développer ses facultés spirituelles les plus élevées, dans une des sphères élevées de pensées.

MANOMAYA KOSHA. — Chaîne mentale, Esprit individualisé qui est, pour ainsi dire, l'étui, la gaine dans laquelle se manifeste l'énergie spirituelle et particulièrement le travail intellectuel.

MANOMAYA, KOSHA. — Sansk. Terme védantique désignant *la chaleur* (Kosha) de *Manomaya* et l'équivalent des quatre et cinq principes de l'homme. Dans la philosophie Ésotérique, le Kosha correspond à la dualité du Manas.

MANTICISME. — Temps pendant lequel se développe le don de prophétie. — Mantra, période. — Une des quatre périodes en lesquelles a été créé la division de la littérature védique.

MANTRA, TANTRA, SHASTRAS. — Sansk. Œuvres et Incantations magiques.

MANTRAS. — Sansk. : Vers les ouvrages védiques, employés dans les incantations et les charmes. Par Mantras, on comprend toutes les parties des Védas, qui sont distinctes des Brahmanes et de leur interprétation.

MANTRA-SHASTRA. — Sansk. : Ecritures brahmaniques sur la science occulte et les incantations.

MANUSHA. — Humain, qui appartient à l'homme. Ce terme désigne aussi un jour de 24 heures et l'année Manusha est une année ordinaire de 365 jours, l'année solaire.

MANTRIKA-SAKTI. — Sansk. Le pouvoir et la puissance occulte des ouvrages mystiques : fonds, nombre et lettres de ces mantras.

MANU SWAYAMBHUVA. — Sansk. L'homme céleste. Adam-Kadmon, la synthèse de quatre Manas.

MANUS. — Sansk. : Les quatorze manus, les patrons et gardiens des races cycliques dans un Manvantara, ou jour de Brahmâ. Les manus du premier âge sont sept, ils sont quatorze dans les *Puranas*.

Manushi ou Manushi-Buddhas. — Sansk.: Buddhas humains, Bodhisattvas ou Incarnation de Dyan Choans.

Manvantara. — Sansk. Une période de manifestation, comme opposée au Pralaya (dissolution ou repos) appliquée aux divers cycles, spécialement au jour de Brahmâ, 4.320.000.000 années solaires et du règne d'un Manu 308.448.000.

Manvantara ou Manwantara. — Longue période de temps, au bout de laquelle le monde subit une révolution, qui le détruit pour un certain laps de temps. Un kalpa est formé de quatorze manwantaras.

Maranatha. — Gn. Terme sacré que prononce l'officiant en prenant les mains du Néophyte qui reçoit le quatrième grade de l'Initiation ou le Philionisme. — Voy. ce mot.

Mara. — Sansk.: Le Dieu de la tempête, le *Séducteur* qui essaya de détourner Buddha de son Sentier. Il est dénommé le Destructeur et la mort (de l'âme). Un des noms de Kama, le Dieu de l'amour.

Maras-Rupas. — Ames inférieures d'hommes qui, par leur attaches matérielles, restent liées à la terre après leur mort et qui peuvent à volonté prendre les formes animales qui caractérisent le mieux leurs instincts grossiers. Sur la terre, ces individus n'étaient que ce que l'on nomme des *hom-animaux*, le corps physique conservant la forme humaine, chez un homme entièrement animalisé; mais après la mort, le corps astral de ces êtres ne les empêche pas de revêtir des formes animales, qui sont l'expression caractéristique de leurs basses passions. — Pour plus de détails, voyez le *Dictionnaire d'Orientalisme et d'Occultisme*.

MARGA. — Sansk. Le sentier, le *Astthânga Marga*, le saint ou sacré sentier est un des pas vers le Nirvâna.

MARICHI. — Sansk. — L'un des Esprits-nés, fils de Brahma, dans les *Puranas*. Les Brahmans personnifient par lui la lumière, la parente de Sûrya, le soleil et l'ancêtre direct de Mahâkasyana. Les Buddhistes du Nord et l'Ecole de Yogachârya voient dans le Dieu Mârichi un Bodhisattva, tandis que les Buddhistes chinois (spécialement les Taoïstes) ont vu dans cette conception la reine du ciel, la déesse de la lumière, maîtresse du soleil et de la lune.

MARISHA. — Sansk.: La fille du Sage kanda

et de Pramalocha la démone Opssara du ciel d'Indra. Elle était la mère de Daksha. Cette allégorie se rapporte au mystère de la seconde et troisième race humaine.

MARTINISME. — Société française, fondée par le grand mystique Saint-Martin, le disciple de Martinez Pasqualis. Etablie d'abord à Lyon, comme société affiliée à la Maçonnerie Occulte, ses membres croyant à la possibilité de communiquer avec les Esprits planétaires et les Dieux mineurs et génies des sphères ultraterrestres. Louis Claude de Saint-Martin né en 1743 a débuté dans la vie comme officier de l'armée, mais ensuite il se dévoua lui-même à l'étude des lettres, devenant à la fin de sa carrière, un fervent Théosophe et un disciple de Jacob Bœhme. Il essaya de ramener la Maçonnerie à son caractère primitif d'occultisme et de Théurgie; mais il n'y réussit pas. Il prit premièrement son rite rectifié qui comporte dix degrés, mais ceux-ci étaient ramenés à sept par l'étude des Ordres de la Maçonnerie originelle. — Les maçons se plaignent qu'il ait introduit certaines idées et adopté des rites différents de ceux de l'histoire archéologique de la maçonnerie; mais après lui, Cagliostro et Saint Germain firent comme lui, comme tous ceux qui avaient bien connu l'origine de la Franc-maçonnerie.

MARTTANDA. — Sansk.: Nom védique du soleil.

MARUTS-JIVAS. — Sansk.: Les monades de l'adepte qui ont atteint la fin de la libération, mais qui préfèrent se réincarner sur la terre par égard pour l'humanité. Il ne faut pas les confondre avec les *Nirmanakayas* qui sont fort élevés.

MASH-MAK. — Par tradition, travail Atlantéen de la quatrième Race qui dénote un feu cosmique ou plutôt une force, qui aurait, dit-on, la puissance de pulvériser en une seconde des cités entières et désintégrer le monde.

MATARI SVAN. — Etres aériens que le Rig-Véda nous montre réduisant *Agni* (le feu) en *Bhrigus*. Ils sont nommés aussi les *Consumeurs* et décrits par les Orientalistes, comme une classe d'êtres mystiques qui conduisent leur milieu vers la classe aérienne des Dieux.

En Occultisme, les Bhrigus sont simplement

des Salamandres, des Rose-croix et des Kabbalistes.

MATARISHVA. — *Lit.* Qui s'étend dans l'espace. Appliqué à Prana, on considère ce terme comme rappelant les fonctions des actes humains.

MATHADHIPATIS. — Sansk.: Chefs de diverses religions, Capucins de l'Inde; Grands-prêtres dans les monastères.

MATRA. — Sansk.: Très courte période de temps appliquée à la durée de vibrations; elle égale un clignement des yeux.

MATRIS. — Sansk.: Les mères; les divines mères, au nombre de sept. Elles sont d'aspect féminin et sont les pouvoirs des Dieux.

MATSYA. — Sansk.: Un poisson. Matsya-avatar est une des plus récentes incarnations de Vishnu.

MATSYA PURANA. — L'Ecriture ou *Purana*, qui traite de l'incarnation de *Matsya avatar*.

Pouvoir cosmique qui rend possible l'existence phénoménale et ses perceptions.

MAURTS. — Sansk.: Suivant les Orientalistes Dieux-tempestaires, mais dans les Védas, quelque chose de très mystique. Dans les travaux ésotériques, comme ceux qui s'incarnent dans chaque ronde, ils sont simplement identifiés avec quelques-uns des Pitris, Agnihwaha, les Ego des hommes intelligents. De là l'allégorie de Shiva transformant les masses de chair en garçons, et les dénommant *Maruts*, pour montrer les hommes transformés par sa volonté en véhicules des Pitris ou Vents de feu et en Etres raisonnables.

MAUTRIKA-SAKTI. — Sansk. — Force du mètre ou du Rythme, c'est-à-dire matérialisation ou pouvoir qui peut être exprimé au moyen du son (*Yoga sonique*).

MAYA. — La matière, l'illusion; source des phénomènes et causes de la manifestation des existences individuelles. C'est la propre mémoire du logos, revivifiée, qui ne peut jamais se *séparer de lui*. — Quand le premier logos se lève pour former un nouvel Univers, il projette *sa vie* dans les modifications, qui semblaient disparues, et en ce moment, il était à la fois enveloppé et circonscrit dans Maya; et sous l'impulsion du grand Souffle (de l'Absolu), il concentre sa conscience ou sa vie; c'est son pouvoir vibratoire.

166 MAYA MASHA — MAGANIMAYA OU MAHAMOHANI

Quatrième forme de la nature. — Sri Sankaratcharya: Vive-ka-Tchintamani 110-112 (1) nous dit que Maya est le Producteur de l'Univers; il est le pouvoir suprême contrôleur, non-manifesté (*Mulaprakriti*, la substance primordiale) et surpasse la non-connaissance sans commencement, doit être reconnûe par le Sage au moyen de son résultat la Sagesse... Plus loin il ajoute.

« Maya n'est ni l'être, ni le non-être, ni l'essence de ces deux; ce n'est ni le différencié, ni le non-différencié, ni l'essence de ces deux; ce n'est ni le particularisé, ni l'imparticularisé, ni l'essence de ces deux; elle est de la forme la plus merveilleuse et la plus indescriptible. » Maya est tout le relatif (ce qui n'existe pas).

MAYA MOSHA. — Sansk.: Forme illusoire prise par Vishnu dans le but de tromper l'ascète Daityas qui était devenu Bienheureux par ses austérités et de là par trop dangereux en pouvoir, comme dit le *Vishnu Purana*.

MAHANIMAYA ou MAHAMOHANI. — Divinité hindoue dont Vishnou emprunta les traits pour enlever l'Amrita aux mauvais génies, lors du barattement de la mer de lait; cette déesse eut un fils de Shiva, qui fut nommé *Aienar.*

MAYAVIRUPA. — Corps illusoire, corps du rêve: un des états doubles de l'homme. Pendant la vie de celui-ci, ce corps est à la fois le véhicule de la pensée, des passions et des désirs matériels; il emprunte en même temps au manas inférieur (mental) et au kama, l'élément du désir. Après la mort, Mayavirupa forme ce que l'on nomme en Occident une larve et en Orient *Bhut* ou *Kama-Rupa.* La larve possède la vie, mais elle est à peine consciente, car elle ne peut guère se manifester, que quand elle est attirée dans le courant du médium.

MIMAUSA. — Sansk.: Ecole de Philosophie, une des six de l'Inde. Il y a deux mimausa: l'ancienne et la nouvelle. La première, *Purva Mimâusâ* a été fondée par Jaimini, et la seconde, ou *Uttaramimâusâ* par Vyasa; on la dénomme aujourd'hui l'Ecole Védanta. Sankara râchârya a été le plus éminent apôtre de cette dernière.

MINAS. — Sansk.: Même signification que Meenam ou le signe du Zodiaque: les Poissons.

MLECHCHHAS. — Sansk.: Les hors-castes;

nom donné à tous les étrangers et à tous ceux qui ne sont pas aryens.

Moksha. — Etat de perfection de la spiritualité dans toute sa plénitude; voy. *Nirvana*.

Moly. — Plante magique, de la famille des Alliacées, que Mercure donna à Ulysse pour neutraliser les funestes effets des breuvages que lui avait servis Circé. Le moly est une plante anesthésique. — Cf. *Traité du haschich et autres plantes narcotiques et psychiques*. Vol. in-12. Paris, 2ᵉ édition.

Monade. — La monade proprement dite est l'étincelle émanée du *Rayon Incréé*; son nom dérive du grec Monôs, seul, Unité.... La monade est un mystère, c'est l'étincelle homogène qui s'irradie en millions de rayons primordiaux. — Les monades ne sont donc pas des principes *distincts*, limités ou conditionnés, mais les rayons de cet *Unique Principe, Universel, Absolu*.

La monade est donc un fragment de la Vie divine, fragment isolé, en tant qu'Entité, par suite de sa formation constituée par une cellule de la plus subtile matière. La vie de la monade venant du Premier Logos a, par suite, un triple aspect, représentant les trois attributs de ce premier logos.

Morya. — Sansk.: Une des maisons royales de Magda.

Mosaour. — Un des chefs des mauvais Esprits de la Mythologie hindoue.

Mosksha. — Sansk.: Libération; même signification que Nirvana (V. ce mot).

Moudra. — Posture employée en état de méditation; pratique de la Hatha-yoga. Ce terme est synonyme de Vadjira. Voy. ce mot. — Cf. *Le Livre des Respirations.*

Mrigashirsahd. — Une des maisons lunaires.

Mudra. — Sansk.: Systèmes de signes occultes faits au moyen des doigts, et qui imitent les anciens caractères sanskrits qui possédaient une puissance magique. — C'est l'Ecole de Yogacharyra qui, la première, s'en servit chez les Buddhistes du Nord. Ces signes ont été adoptés ensuite par les Tantrikas Hindous, qui plus tard en ont mésusé pour exercer des pratiques de magie noire.

Mukta ou Mukti. — Sansk.: Libération de la vie sensitive; un Béatifié; un candidat pour *Mohska*, libéré de la matière, de l'incarnation.

Voyez Traité de Yoga, par Ernest Bosc; un vol. in-8. Paris, librairie du XX° siècle.

Mula. — Astérisme lunaire.

Mulaprakriti. — Vierge céleste, immaculée et incréée (Anapudhaka), au delà de laquelle et au travers de laquelle se manifeste le Verbe ou Esprit universel. Mulaprakriti est la Reine Primordiale de l'activité. On l'appelle « Racine sans racine » (Amalammoulam) ou cause Incréée. Pour plus de détails, voyez *Dictionnaire d'Orientalisme*, V. *Mulaprakriti*. — C'est aussi la source parabrahmanique, le principe abstrait féminin déifié; substance indifférenciée. Akasa, *lit.:* la source de la Nature, (Prakriti) ou la Matière.

Mumukshattwa. — Sansk.: Désir de la libération de la réincarnation et de la matière.

Mundakya Upanisad. — Lit.: la doctrine ésotérique de Mundaka, un ouvrage de haute antiquité qui a été traduit par le Rajah Rammohun Roy.

Munis. — Sansk.: Saints ou Sages.

Murari. — Sansk.: Une épithète de Vishnu ou de Krishna; *litt.:* l'ennemi de *Mura*, un asura.

MURHIMAT. — Sansk.: Quelque chose d'inhérent ou incarné dans quelque chose autre et inséparable de celui-ci. Comme l'humidité dans l'eau, qui coexiste avec elle. Employé dans quelques attributs de Brahma et autres Dieux.

MURTI. — Sansk.: Une forme, un signe, une face de la Trimourti, les trois faces ou images.

MUTHAM ou MATTAM. — Temples de l'Inde avec cloîtres et monastères pour écoles et ascètes réguliers.

MYALBA. — Tib. En Esotérisme buddhique, la terre dénommée Hell (l'Enfer) parce que nous nous réincarnons sur elle pour notre châtiment. Esotériquement, signifie *Enfer*.

N

NADI. — Tube ou vaisseau du corps humain. On l'applique indifféremment aux vaisseaux sanguins et aux nerfs. Les Nadis jouent un grand rôle dans l'art de respirer. (Voy., à ce sujet, le *Livre des Respirations*).

NAGA. — Manifestation de la vie qui cause le vomissement. — C'est aussi le nom d'une race de demi-dieux hindous ayant le corps de l'homme, sans les jambes, mais à leur place, une queue de serpent.

NAGA. — Serpent.

NAGAL. — Titre du chef des sorciers ou médecins chez quelques tribus mexicaines.

NAGA RADJA. — Sansk.: *lit.* Roi des serpents, des Dragons, titre donné ordinairement à tous ceux qu'on présume être les Esprits gardiens des lacs et des rivières.

NANDA. — Sansk.: Un des rois de Magdha.

NAKTABHOJE. — Genre de Fakir jeûneur. C'est dans le *Livre des Respirations* que nous trouvons ce terme. « L'acide carbonique joue un grand rôle dans l'entraînement du Pranayama; aussi, pour exhaler le moins possible d'acide carbonique, les Fakirs jeûnent-ils pendant le jour et ne prennent qu'un léger repas pendant la nuit; on nomme ces Fakirs *Naktabhoje*. »

NANDI. — Sansk.: Le bœuf sacré blanc de Shiva et son véhicule.

NARA. — Sansk.: L'homme originel, éternel. Ce terme signifie aussi, avec accent circonflexe sur les a: les eaux de l'espace ou le grand abîme; d'où le nom de Narayana ou Vishnu. — L'homme original; l'homme éternel.

NARADA. — Un des dix premiers Rischis qui passe pour l'inventeur du luth; il était fils de Brahma. — C'est aussi un des sept grands rishis, un fils de Brahmâ. Le Progéniteur, c'est un des personnages les plus mystérieux dans la symbologie sacrée Brahmanique. Esotériquement, Narada est le maître des événements survenus pendant les divers cycles karmiques et la personnification du grand cycle humain.

NARAKA. — Etat dans un certain milieu dans lequel Jivatma subit des peines en expiation d'un mauvais Karma; c'est, dit-on, Yama, le dieu de la mort, qui gouverne le Naraka, qu'il ne faut pas confondre avec Patala. — Dans la conception populaire, c'est l'Enfer, une prison sur la terre. Les enfers chauds et froids, au nombre chacun de neuf, sont simplement des emblèmes des globes de notre système septénaire.

NARJAK. — *Littéralement:* Un saint, un adepte glorifié.

NARASINGHA-ARATAV. — Quatrième incarnation de Vishnu, celle où il fut transformé en homme-lion.

NARA-SINGHA. — Lit.: L'homme-lion. Un avatar de Vishnu.

NASTIKA. — Sansk.: L'athée ou celui qui ne pratique aucun culte ou ne reconnaît aucun dieu.

NATH. — Sansk.: Le Seigneur; employé par les Dieux et les hommes, titre ajouté au premier nom des hommes et des choses comme *Badrinath* (Seigneur des montagnes), un fameux lieu de la Tinage; *Gopinath*, seigneur de la Bergère employée par Krishna.

NAVANHA. — Neuvième partie du signe du Zodiaque.

NAVA NIDHI. — Sansk. lit.: Le neuvième joyau; la consommation du développement spirituel dans le mysticisme.

NAVAKIRAHA-SAKKARAM. — C'est-à-dire *Cercle des neuf Planètes*, qui a été en usage de toute Antiquité chez les Hindous; c'est une sorte de tableau astrologique de Brahma. Quand Çiva donna ce tableau à sa femme Parvati, il lui dit: « Quiconque adorera la Divinité avec le Sakkaram, ordonné ainsi qu'il est prescrit, recevra le pouvoir de créer tous les mondes. »

Brahma avait reçu par lui le pouvoir de création.

NAYARANA. — Sansk. : Celui qui se meut sur les eaux de l'espace ; titre de Vishnu sous son aspect du Saint-Esprit agitant les eaux de la création. Dans la symbologie ésotérique, c'est le lieu de la manifestation primordiale du principe-vie répandu dans l'espace infini.

NEKAED. — Déva de l'orgueil, l'un des six princes des Devs ou Démons, lieutenant d'Arihman ; on le nomme également Tarmad.

NERVICHARA. — Intuition extraordinaire, pendant laquelle, sans le moindre effort de la pensée, apparaissent à l'esprit le passé et l'avenir, ainsi que les antécédents et les conséquences d'un phénomène qui se présenterait à l'esprit.

NIONEVEN. — L'Hécate de la mythologie celtique, qui ramassait et traînait à sa suite les Esprits errants de l'espace.

NIDRA. — Sommeil sans rêves.

NIDANA. — Sansk. : Les douze causes de l'existence ou la chaîne de la Causalité. — La réunion de la cause et des effets à travers les douze chaînons de l'existence. — C'est le dogme fondamental de la pensée Buddhiste, dont la compréhension dégage l'énigme de la vie et qui montre l'inanité de l'existence, préparant ainsi l'esprit pour atteindre le Nirvana.

NIDHI. — Sansk.: Un trésor. Neuf trésors du Dieu Kumara, le Satan Buddhique, chaque trésor étant sous la garde d'un démon.

NIDRA. — Sansk.: Le Sommeil; la forme femelle de Brahmâ.

NILAKANTHA. — Sansk.: Un des noms de Shiva, signifiant le *Bleu*.

NIMESHA. — Division du temps qui égale le 8/45° de seconde.

NIMITTA. — Sansk.: Illumination intérieure développée par la pratique de la méditation. — La cause efficiente spirituelle, qui contraste avec la cause matérielle de la Philosophie Védantine.

NIRGUNA. — Sansk.: Attribut négatif; un but sans attributs, c'est-à-dire dépourvu de toutes qualités; l'opposé de *Saguna*.

NIRMANAKAYA. — Nom d'un des trois vêtements allégoriques ou fluidiques, comme nous l'apprend H. P. B. dans la note 1, pages 101 et suiv. de *la Voix du Silence*.

NIRMANA KAYA. — Sansk.: La signification de ce terme est tout à fait différente en philosophie ésotérique de celle qu'y attache la croyance populaire ainsi que celle des Orientalistes. Quelques-uns nomment le corps Nirmanakaya *Nirwana* avec restes dans la supposition probable qu'il est le genre de la condition Nirvanique, durant lequel la conscience et la forme sont retenues.

NIRMATHYA. — Sansk. : Le feu sacré produit par la friction de deux pièces de bois; le feu appelé *Pavamâna* dans les Puranas. Cette allégorie contient en elle un enseignement occulte.

NIROUPI. — L'un des huit Vaçous qui président aux génies malfaisants. Niroupi est aussi constitué le gardien de l'angle sud-ouest du Monde.

NIRUKTA. — Sansk. : Un Anga ou limbe, une division du Véda.

NIRUPADHI. — Sansk. : Sans attributs, négation des attributs.

NIRVANA. — Ce terme exprime l'idée de la condition la plus spirituelle que l'homme puisse atteindre. — C'est de ce plan que sont descendus les *Sauveurs:* Krishna, Buddha, Christ et duquel descendront, pour enseigner la vérité à leurs frères en humanité, d'autres êtres parfaits. — Ce terme ne signifie pas, comme on le croit généralement en Occident, *Annihilation*, dispersion, disparition de l'âme dans le sein de Brahma, par exemple.

Le Nirvâna est le Monde des Causes, dans lequel toutes les illusions de nos sens disparaissent à tout jamais; pour les Bouddhistes, c'est l'empire complet de l'esprit sur la matière.

C'est la fausse idée qu'on s'est faite de ce terme, en Occident, qui a le plus contribué à discréditer la philosophie bouddhiste, et a permis de dire qu'elle était matérialiste.

Par les lignes qui précèdent, on voit combien est fausse cette hypothèse.

(Pour de plus amples détails, voy. le *Dictionnaire d'Orientalisme et d'Occultisme*, Paris.

NIRVANI. — Quand l'Esprit de l'homme est arrivé à l'Etat de *Nirvâni*, il est délivré de tous les maux, de toute peine et de toute illusion, car il a recouvré sa vraie nature. — Il existe trois degrés de Nirvânis :

1° Ceux qui ont atteint la Sagesse, mais ce ne sont pas des Instructeurs ils s'inquiètent peu des misères humaines dès qu'ils entrent en

Nirvâna, il disparaissent à la vue et au cœur de l'homme;

2° Ceux qui deviendront des *Buddhas* parfaits dans les Kalpas futurs et exerceront s'il y a lieu leurs pouvoirs;

3°, Les *Initiés*, les *Buddhas* parfaits.

Au-dessus de cette hiérarchie, il y a la classe des *Nirvânis-Dharmakayas-Arupas*, ceux-ci n'ont plus la forme humaine, comme les Nirvânis de la précédente hiérarchie; ce sont des corps de lumière, des corps brillants comme des flammes.

NIRVITARKA. — Etat de lucidité mentale dans lequel les vérités de la nature se révèlent d'elles-mêmes sans l'intervention d'une parole.

NISHADA. — Sansk.: 1. Une des sept qualités du son, celle qui est attribuée à l'Akasa. 2. La septième note de la gamme musicale hindoue. 3. Un hors-caste originaire de Brahman et de Sudra la mère. 4. Une suite de montagnes au sud de Méru: nord des Himalayas.

NISSI. — Un des sept Dieux chaldéens.

NITI. — Sansk. *Lit.:* Prudence, étiques.

NITYA PARIVRITA. — Sansk. *Lit.:* Extinction continuelle.

NITYA PRALAYA. — Sansk. *Lit.:* Perpétuelle

pralaya ou dissolution. C'est le constant et imperceptible changement survenu par les atomes d'un dernier et long Manvantara d'un âge de Brahma.

NITYA SARGA. — Sansk.: L'état de constante création ou évolution, comme opposé au Nitya Pralaya : l'état de perpétuelle et incessante dissolution (ou changement des atomes), désintégrations des molécules, d'où changement de formes.

NYÂYA. — Sansk.: Une des six *Dharshanas* ou Ecoles de Philosophie de l'Inde, un système de logique hindou fondé par Gautama.

NYAY. — Philosophie orientale qui compte douze Prameyas (sujets, objets ou principes) de Pramana.

NYIMA. — Terme thibétain, qui désigne le soleil (Suria) dans l'astrologie thibétaine.

O

OCCULTISME. — Occulte (Science occulte). — La science occulte embrasse, dans son ensemble, ce qu'on désigne généralement sous le terme de

Sciences occultes, c'est-à-dire : l'Alchimie, l'Hermétisme, l'Astrologie, la Kabbale, la Magie, la Goëtie, etc., etc. — Pour d'autres détails, voyez le *Dictionnaire d'Orientalisme, d'Occultisme et de Psychologie,* V° Occulte (science).

OD. — Fluide magnétique découvert par Reichenbach et qu'il a dénommé Od et Fluide odique.

OGAM. — (celt.) Langage mystérieux appartenant à l'ancienne race celtique et employé par les Druides. Une forme de ce langage consiste dans l'association des feuilles de certains arbres avec des lettres ; celui-ci a été appelé *Bethluis-nion-Ogham,* et forme des mots et des sentences.

ŒIL. — Le mauvais œil est une influence exercée par certains individus ; elle n'est due qu'au magnétisme impur, qui souille consciemment ou inconsciemment l'individu, qui est à la portée de la personne, qui a le mauvais œil.

En italien, on nomme le mauvais œil *Jettatura,* d'où le terme de *Jettatore,* donné à celui qui a le mauvais œil.

OM. — Syllabe mystique et sacrée qui s'écrit plus communément « AUM ». Voyez ce mot.

OMKARIÇOURA. — Un des surnoms de Çiva. Il signifie : Seigneur, de la syllabe Aum.

OSHADI PRASTHA. — Sansk. *lit :* La place des herbes médicinales. Une cité mystérieuse des Himalayas, souvent mentionnée dans la période védique. La tradition nous apprend qu'elle est seulement habitée par des Sages, grands Adeptes dans l'art de la respiration et qui n'emploient que des herbes et des plantes, comme faisaient les anciens Chaldéens. Cette cité est mentionnée dans le *Kumâra Sambhava* de Kalidassa.

OTI. — Ce terme, sur la côte de Malabar, signifie « Courbure ». L'Otti est une branche de la Sorcellerie. — Par extension, ce terme sert parfois à désigner le sort jeté par les sorciers du Malabar.

OUMA. — Un des noms de Prithivi, qui signifie « Type de beauté ».

OUPADIA OU OUPADYA. — Précepteur ou Guru. — Les bouddhistes du Nord les choisissent généralement parmi les Nadjals ou saints hommes savants en Goutrougnynya et Gnyanadassana-Soudhi, c'est-à-dire parmi les professeurs de sagesse occulte.

P

PACA. — Nom de la corde ou « lasso » que des représentations de Shiva nous montrent dans l'une des mains de ce Dieu.

PACAYA, SAUSSIATA, SILA. — Règles à suivre pour la direction et la discipline de l'Ordre (des prêtres.)

PACTE. — Sorte de traité fait avec le Diable ou des Esprits du mal, car il ne saurait être ici question d'un autre genre de pacte. — Bergier, dans son *Dictionnaire Théologique*, nous dit: « Un pacte » est une convention expresse ou tacite faite avec le Démon, dans l'espoir d'obtenir, par son entremise, des choses qui surpassent les forces de la nature.

PADA. — Modification de la matière vitale qui agit pendant la marche.

PADARTHAS. — Sansk.: Prédications sur les choses existantes, ainsi dénommées dans le Vaiseshika ou système fondé par Kanâda; école qui forme l'une des six Darshanas.

PADMA. — Synonyme de Kamala. C'est le nom hindou de la fleur du lotus que Vishnu porte à la main de son quatrième bras, dans les représentations figurées de ce Dieu. Un nom de Lakshmi, la Vénus hindoue, la femme ou aspect féminin de Vishnu.

PADMA KALPA. — Le nom de la dernière Kalpa ou le précédent Manvantara, qui était une année de Brahma.

PADMA-YONI. — Sansk. : Le lotus utérus, un titre de Brahma (aussi nommé Abjayoni).

PADMAPANI. — Cinquième des Bodhisatwas, qui par ordre d'Adhibdha créa Brahmâ, Vishnu et Çiva.

PADMA ASANA. — Sansk. : Une posture prescrite dans la pratique par quelques yogis pour développer la concentration.

PAGES. — Sorciers, des rives de l'Amazone, qui passent pour avoir un grand pouvoir dans les incantations utilisées contre les maladies et les douleurs de toute sorte.

PAITI-DHANA. — Quand les Perses prient, ils s'appliquent sur la bouche un morceau d'étoffe de laine quadrangulaire (paiti-dhana), qui est large de deux doigts sur sept. Selon Strabon (773), ce morceau d'étoffe pendait depuis le couvre-chef jusque sur les lèvres ; il servait à préserver le feu pur de leur haleine impure.

Palasa. — Arbre dénommé aussi Kanaka; c'est le Butea frondosa de Linné; il a des fleurs rouges et possède des propriétés très occultes.

Pali. — Ancien langage de Magada qui a précédé le plus pur Sanskrit. Les Ecrits Buddhiques sont écrits en Pali.

Panca-Sila. — Les cinq préceptes imposés aux bouddhistes laïques et contenus dans la formule suivante, répétée publiquement par eux dans les Vharas ou Temples: 1° Je dois m'abstenir de détruire; 2° de voler le bien d'autrui; 3° de tout commerce sexuel illégitime; 4° de tromper quiconque; 5° d'user de boissons fermentées ou de drogues stupéfiantes ou soporifiques.

Trois autres préceptes ajoutés aux cinq qui précèdent constituent les Attanga sila; les voici: Il faut s'abstenir, 6° de manger en temps inopportun; 7° de danser et de chanter d'une manière inconvenante; 8° d'user de parfums, de cosmétiques, pommades ou autres futilités analogues.

Enfin, à ces huit règles s'en ajoutent deux autres, ce qui forme le « *Dasa-sila* » ou décuple (obligatoire pour les prêtres). Il faut s'abstenir; 9° de se servir de lits larges et élevés; 10° de recevoir de l'or et de l'argent.

PANCHAKARANAM. — Opération assez complexe, par laquelle les éléments du Plan sthulique (physique), sont formés par le secours des éléments du Plan astral. (Pour plus de détails, voyez *Dictionnaire d'Orientalisme et d'Occultisme*).

PANCHAKAMA. — Sansk.: Cinq méthodes de sensitivité.

PANCHA KOSHA. — Sansk.: Les cinq fourreaux (corps) de l'homme, suivant la philosophie védantine. *Vijna maya Kosha*, le quatrième corps est Buddhi. — Les deux plus élevés de ces corps sont *Jivâtma* et *Sakshi*, qui représentent l'Upadhita et l'an-upadhita, c'est-à-dire l'un et l'autre l'Esprit divin.

PANCHA KRISHTAYA. — Sansk.: Les cinq Races.

PANCHANJANIA. — Nom Hindou de la conque que Vishnu tient de la main droite ou dans la main gauche de ses premiers bras.

PANI. — Pouvoir manuel.

PANIANGAM. — Almanach des Brahmines, sur lequel sont consignés les jours heureux ou malheureux, ainsi que les heures du jour ou de la nuit heureuses ou malheureuses.

PANTACLE. — Sorte de talisman magique; ce sont des figures à la fois symboliques et synthétiques, qui renferment en elles une série d'enseignements que l'Initié doit savoir développer et analyser dans tous ses détails.

PANIADIKAOU UDGHATITAGNYA. — Une des trois sortes de bouddhisants, c'est celle qui atteint le plus vite la perfection.

PAOUACI. — Sorte de conjuration, par laquelle certains peuples prétendent amener la pluie.

PARA. — Sansk.: Infini et suprême en philosophie; la limite dernière. — Para est la fin et le but de l'existence. — Paraparas est la limite des limites.

PARABRAHM. — Sansk.: Le suprême Infini, au-dessus de Brahma; l'ABSOLU.

PARABRAHAM. — Ce terme désigne l'Absolu, tout et rien. — Voy. le *Dict. d'Orientalisme, d'Occultisme et de Psychologie*.

PARAMITAS. — Ce terme signifie littéralement Vertu. Dans l'Esotérisme bouddhique, il y a six vertus transcendantes pour l'homme ordinaire et dix pour le prêtre. D'après les boud-

-dhistes du Nord, on arrive à la Rive, c'est-à-dire au Nirvana, par l'exercice des six et dix vertus ou *Paramitas*.

PARANIRVANA. — Dernier état dans lequel doit vivre l'âme humaine, et dans lequel aucune influence psychique, mentale ou physiologique ne peut s'exercer; c'est la perfection absolue qu'atteignent toutes les existences à la fin d'un grand Manwantara (grande période d'activité).

PARAMATMA. — Sansk.: L'âme suprême de l'Univers.

PARASAKTI. — Sansk.: La Grande force. — Une des six forces de la Nature.

PAROSKSHA. — Sansk.: Appréhension intellectuelle de la vérité.

PARAVAIRAGIA. — Etat de l'esprit, quand ses manifestations deviennent puissances. Dans cet état, tout pouvoir élevé revêt des apparences faciles de réalisation.

PASHYANTI. — Sansk.: Le second des quatre degrés dans lequel le son est divisé suivant ses différenciations; les trois autres degrés sont: Para, Madhyamâ et Vaïkari.

PATALAS. — Nom des sept sphères qui se trouvent en opposition avec les Swargas. Les

Patalas sont éclairées par sept Escarboucles portées sur la tête de sept serpents (Nagas).

Ceci, est-il besoin de le dire, est tout à fait symbolique.

PATANJALI. — Auteur des Aphorismes de la Yoga ou science de l'application mentale. — Fondateur de la philosophie yoga. La date de cette fondation est de 200 ans avant J.-C.

PAVAKA. — Sansk.: L'un des trois qui personnifie les plus anciens fils d'Abiamânim ou Agni (le feu) qui en avait quarante-cinq. Pavaka est le feu électrique.

PHALA. — Sansk.: Rétribution; le résultat des causes.

PHALAGUNA. — Sansk.: Un des noms d'Arjûna.

PHIBIONISME. — Quatrième grade de l'invocation Gnostique. L'officiant prend les deux mains du Néophyte en lui disant MARANATHA.

Après quoi, il lui promène sous les yeux un flambeau allumé en lui disant :

Accipe lumen sanctissimi Paracleti, etc., et il lui remet ensuite un *Abraxas*, avec un certain signe. (Voy. *Abraxas*.)

PINDAM. — Méthode, qui est utilisée dans

l'extériorisation. A l'aide de celle-ci, on peut envoyer son astral dans le corps d'une personne, afin de se servir de ce corps, comme du sien propre.

Le lecteur comprendra que nous ne nous étendions pas plus au long sur ce sujet.

PINGALA. — Nom d'un Nadi, qui fonctionne dans la partie droite du corps de l'homme : c'est le sympathique droit.

PIPPALA. — Sansk. : L'arbre de la connaissance ; le fruit mystique de cet arbre, sous lequel se trouvent les esprits qui aiment la science.

PIPPALADA. — Sansk. : Ecole magique, dans laquelle on expose l'*Atharva-Veda*. Elle a été fondée par un adepte de ce nom.

PISACHAS. — Dans les Puranas, gibelins et démons créés par Brahmâ. Dans le folk-lore de l'Inde du Sud : fantômes démons, larves vampires, généralement femelles qui hantent les hommes.

PISTIS SOPHIA. — Grec : Sagesse, Savoir ; livre sacré des anciens Gnostiques.

PITAR DEVATA. — Sansk. : Les Pères Dieux, les ancêtres lunaires du genre humain.

PITARAS. — Les Pères, les ancêtres ; les pères des races humaines.

PITRIA. — Science qui appartient aux Pitris. — Un jour pitri désigne un mois lunaire.

PITRIS. — Les Pitris, qui comprennent sept espèces, sont les ancêtres de l'homme, de l'humanité actuelle, c'est-à-dire les esprits de races humaines, qui ont précédé notre race dans l'échelle de l'évolution.

Cf. *Dictionnaire d'Orientalisme, d'Occultisme, et de Psychologie.*

PITRIS LUNAIRES. — Entités susceptibles de réincarnation, car elles possèdent le Je ou conscience ahankarique (soi-conscience) ; elles comportent quatre classes.

Les pitris lunaires de la première classe entrent dans le courant évolutif et où d'autre part l'homme reçoit l'intelligence de Pitris solaires.

Parmi les pitris lunaires, quelques-uns des moins avancés avaient commencé à s'incarner dans la deuxième race, et d'autres plus avancés ne s'incarnèrent que dans la quatrième.

PIYADASI (Pali). — Le Beau, titre du roi de Chandragupta et de Asoka, le roi Buddhiste, son petit-fils.

Plaksha. — Sansk.: L'un des sept Dwipas (continents ou îles) du Panthéon hindou.

Plans. — Qu'est-ce qu'un plan? C'est un état de la matière; un état dans lequel jouent des forces. Le plan réalise également un lieu; mais c'est aussi, un état de *conscience cosmique*, qu'on ne doit pas confondre avec les états de conscience humaine, bien qu'ils correspondent avec ces états.

Le Kosmos se compose de sept Plans, divisés chacun en sept sous-plans. C'est dans le septième plan que se manifeste la constitution de notre système solaire qui lui aussi est divisé en sept plans, subdivisés eux-mêmes en sept sous-plans.

Voici les noms des différents plans, en partant de bas en haut, c'est-à-dire de la matière grossière (sthulé) et en s'élevant vers la spiritualité.

1° Le plan physique (la terre) c'est le plan de la vie concrète sur lequel s'accomplit l'évolution de l'être par les contrastes de l'ambiance. Ce plan, chacun le connaît, est composé de solide, de liquide, de gaz et de quatre états aithériques.

2° Le Plan astral, qu'on dénomme aussi

plan formatif, duquel l'homme tire son corps astral; c'est sur ce plan que se trouve le *Kamaloka* ou le lieu des passions ou des désirs, c'est sur ce plan que va l'homme, après sa mort; il correspond au purgatoire des catholiques.

3° le plan mental, qui comprend : A, le plan mental inférieur, qui correspond aux quatre sous-plans inférieurs et dont l'homme tire son corps mental inférieur (l'intellectualité) et B, le plan mental supérieur (idéal ou Créateur) qui comprend les trois sous-plans supérieurs. C'est sur le plan du mental inférieur que l'homme, après avoir passé par le *Kamaloka*, jouit des douceurs du *Dévakan*, qui correspond au Paradis des Catholiques. — C'est sur ce plan, que fonctionne la conscience spirituelle de l'homme, et duquel nous tirons le principe supérieur de notre corps causal ou mental supérieur.

4° le plan Buddhique (ou spirituel) d'où l'homme tire son corps spirituel, c'est-à-dire le discernement du bien et du mal, la pure raison ou raisonnement.

5° le plan Nirwanique ou *Monde des Causes*, dès que l'homme a atteint ce plan; il est affranchi de ses incarnations; il est arrivé à un degré d'évolution qui lui permet de s'unir au Logos manifesté: Dieu, mais non avec *l'Absolu*, PARABRAHM, source d'où dérive tout.

Lorsque l'Esprit est arrivé à ce degré d'évolution, il est délivré de toute peine, de toute illusion, il retrouve sa véritable nature, il est arrivé à l'état mental de NIRVANI (voy. ce mot).

4° le Plan paranirvânique.

5° le Plan mahaparanirvanique ou Plan suprême. Ces deux plans sont au-dessus de l'entendement humain; ils sont trop élevés pour que l'homme y atteigne son évolution.

Ce ne sera que beaucoup plus tard que l'esprit de l'homme pourra en prendre connaissance, par suite de sa haute élévation. Nous en avons en nous (mais à l'état latent) les principes.

PRADHANA. — Sansk.: Substance indifférenciée dénommée dans diverses Ecoles *Akasa* et Mulaprakriti ou la source de la matière par les Védantins.

PRADURBHAVA. — Action de revêtir un corps, qui n'est plus animé par Pranâ, par la vie. Nous n'insisterons pas sur ce terme, le lecteur le comprendra sans que nous ayons besoin d'en dire davantage.

PRAGNA ou PRAJNA. — Sansk.: Synonyme de *Mahat*, l'Esprit Universel; capacité de perception, état de conscience.

PRAHLADA. — Le fils de Hiranya Kashipu, roi des Asuras. Comme Prahlâdâ était dévoué à Vishnu dont le père était le plus grand ennemi, il le soumit, en conséquence, à toutes les variétés de tortures et de châtiments. Par suite, pour sauver son dévoué de ces châtiments, Vishnu prit la forme de Sri-Sinha (l'homme-lion, son quatrième avatar) et tua le père.

PRAJAPATIS. — Sansk.: Progéniteurs, ceux qui ont donné la vie à tout ce qui est sur la terre. Ils étaient sept, puis dix, correspondant aux 7 et 10 des Sephiroth de la Kabbalah. Brahma, le créateur est dénommé Prajapati, comme la synthèse des Seigneurs de l'existence.

PRAKRITIKA PRALAYA. — Le pralaya succédant à l'âge de Brahma, dans chaque temps qu'il existe; il se résout en son essence primordiale (Prakriti).

PRAKRITI. — Sansk.: La nature en général, comme apposée à Purusha. — Un des dialectes du Sanskrit. Le langage des Dieux, et par suite, leur émanation.

Pralaya. — Sansk.: Période d'obscuration ou de repos (planétaire, cosmique ou Universel), l'opposé du Manvantara. — Cessation des énergies créatrices du monde.

Pramana. — Moyens de la connaissance, du savoir; ce sont tous les sens, l'induction et l'autorité et, dans un autre ordre d'idées, l'expérience d'autrui.

Pramantha. — Sansk.: Un accessoire qui produit le feu par friction, est utilisé par les Brahmines.

Prameyas. — Sansk.: Choses à prouver; objets de *Pramana* ou preuves.

Pram-Gimas. — Lit.: Maître de tout. Titre de Divinité.

Pramlocha. — Sansk.: Une Aspara femelle. Nymphe des eaux que trompa Kandu.

Prana. — Sansk.: Principe-vie, Souffle de vie dans l'homme.

Principe de l'homme et des autres créatures vivantes. Ce terme signifie aussi: souffle, haleine, respiration, air expiré, etc., etc.

Quand ce fluide cesse de mettre en vibration

la matière physique, qui forme notre corps organisé, notre corps grossier, celui-ci demeure inerte ; il perd peu à peu la chaleur ; et la désagrégation des cellules, constitue l'état de putréfaction, de pourriture, par lequel passe le cadavre, et amène sa dissolution complète, son oxydation.

Pranâ vient du soleil, qui est pour notre système, le grand réservoir de forces électriques, magnétiques, et parfois vitales. — Le soleil nous déverse abondamment ses forces ; chaque créature en reçoit sa part. A l'heure de la mort, Pranâ abandonne lentement l'être qu'il vivifiait de son vivant et il remonte au soleil ; il commence tout d'abord à quitter les extrémités du corps, il se concentre vers le cœur, qu'il abandonne bientôt, puis se dégage du corps qu'il a animé pour retourner, nous venons de le dire, au soleil qui l'attire. — C'est le fluide vital, le principe même de la vie humaine, la réunion des cinq souffles vitaux, ayant chacun des noms spéciaux.

Ce principe vital réside dans la poitrine et correspond au fluide Universel, au principe vital Universel ; il est soumis à la période de *positivité* et de *négativité*, qui sont déterminées par les mouvements de la terre et de la lune. — Cf. — *Traité de Yoga* par E. Bosc, 1 vol. in-8, Paris, 1908. — Voir également l'*Aimantation universelle* par Ernest Bosc, 1 vol. in-12, Paris 1910.

PRANAMAYA KOSHA. — Sansk.: Véhicule de Prana, Vie ou linga Sharira.

PRANATMAN. — Sansk.: Synonyme de *Sutatma*, germe, fil éternel dans lequel sont enfilés comme dans un chapelet les vies successives de l'Ego.

PRANAVA. — Sansk.: Terme sacré équivalant à *Aum*.

PRANAYAMA. — Sansk.: La suppression et régularisation du souffle dans la pratique de la yoga. — Exercice pratiqué par le Yoghi, au moyen de la science du souffle. Voy. pour plus de détails, le *Livre des Respirations*, ch. V.; et *passim*.

PRANAYAMA-KOSHA. — Principe de vie: moelle épinière, colonne vertébrale.

PRANIDHANA. — Sansk.: La cinquième observance du yogi: l'incessante dévotion.

PRAPTI. — Sansk.: Dérivé de *Prâp*, atteindre; l'un des neuf *Sidhis* (pouvoirs) de la Rajayoga. Le pouvoir de se transporter soi-même d'une place à une autre, instantanément par la seule force de la volonté; la faculté de divination, de guérison et de prophétiser; aussi pouvoir de yogi.

PRASANGA MADHYAMIKA. — Sansk.: Ecole Bouddhiste de philosophie du Thibet. Ses disciples suivent la Yoga charya.

PRASHRAYA ou VINAYA. — Sansk.: La progénitrice d'affection. Un titre employé sous les Aditi védiques. La mère des Dieux.

PRASNOPANISHAD. — Un des Upanishads.

PRATIBHASIKA. — Sansk.: L'apparent ou la vie illusoire.

PRATISAMVID. — Sansk.: La quatrième des formes illimitées de la Sagesse, atteinte par un Arhat; la dernière par laquelle il a le savoir absolu et le pouvoir sur les douze NIDANAS. Voyez ce mot.

PRATYAGATMA. — Sansk.: Même sens que Jivatma ou le UN de la vie de l'âme Universelle *Alaya*.

PRATYAHARA. — Sansk.: Synonyme de Mahapralaya.

PRATYAHARANA. — Sansk.: L'entraînement préliminaire de la Raja-yoga.

Pratyasksha. — Sansk.: Perception spirituelle au moyen des sens.

Prayaga. — Dans la science des souffles, on applique ce terme à la réunion des courants droit et gauche de la respiration.

Preta. — Ce terme signifie littéralement parti; ce qui est délaissé, quand Sat ou l'Etre est mort, ou, du moins, est parti pour l'Au-delà. — Ce terme sert aussi à désigner les âmes désincarnées, bonnes ou mauvaises. Les coques astrales se désagrègent plus ou moins vite, suivant les êtres auxquels elles appartiennent.

Principe. — Ce terme est employé en théosophie pour représenter les différents aspects de la vie de l'homme; et non seulement chaque principe est en corrélation avec un plan, mais encore avec une planète, une race, etc.

Les principes humains sont aussi, sur chaque plan, en corrélation avec les forces occultes, qui sont sept cycles.

Principes constitutifs de l'homme. — Les principes constitutifs de l'homme sont au nombre de sept; nous donnerons leur nom en français et en sanskrit; ce sont:

1. l'élément physique, *Sthula Sharira*.
2. l'élément aithérique, *Linga Sharira*.

3. l'élément vital, *Prana*.
4. l'élément passionnel, *Kama*.
5. l'élément intelligent, *Manas*.
6. l'élément spirituel, *Buddhi*.
7. l'élément Divin, *Atma*.

On trouvera la composition ou contexture de ces éléments ou principes constitutifs de l'homme aux termes suivants: ATMA, BUDDHI, LINGA SHARIRA, MANAS, PRANA et STHULA SHARIRA, (voyez ces mots).

Aujourd'hui l'homme n'a encore développé que cinq sens physiques, c'est pour cela qu'il est si imparfait, d'autant qu'il ne possède pas seulement sept sens physiques, mais aussi sept sens psychiques qui ont entre eux les rapports suivants:

SENS PHYSIQUES	SENS PSYCHIQUES
1. Le Toucher …	1. La faculté de psychométrie.
2. Le Goût ……	2. La faculté d'étudier les plus pures essences de la vague de vie et d'en jouir.

3. L'Odorat......	3. Faculté de distinguer les aromes spirituels.
4. La Vue.......	4. Etat lucide ou claire vue, clairvoyance.
5. L'Ouïe........	5. Clairaudience ou faculté de percevoir les vibrations aithériques.
6. L'Intuition....	6. Réceptivité de la grande inspiration.
7. La Transmission de pensée.	7. Faculté de pouvoir correspondre avec les Entités de l'astral, les intelligences spirituelles.

Quand l'homme est parvenu à atteindre les sept états psychiques, il peut alors gouverner, et exercer des pouvoirs sur toute la nature. Sa puissance de volonté s'est accrue au fur et à mesure, que les attributs de son âme se sont développés.

PRITHIVI. — L'un des cinq Tatwas; c'est l'aither odoriférant.

PUATIAKSHA. — Perception, intuition.

PUNARVASA. — Pratique du Pranayama, qui

consiste à introduire dans les poumons le plus d'air possible. — Ce terme a pour synonyme *Apana*.

PUNDARIK-AKSHA. — Lit.: Lotus Voyant; un titre de Vishnu; Gloire suprême et impérissable.

PURAKA. — Sansk.: Procédés violents; la voie du souffle comme réglée par les règles prescrites de la hatha yoga.

PURANAS. — Sansk.: Ancienne collection des écrits symboliques et allégoriques (au nombre de 80 maintenant) qu'on suppose avoir été composés par Vyâsa, l'auteur du *Mahabharata*.

PUROHITAS. — Sansk.: Famille de prêtres Brahmans.

PURURAVAS. — Sansk.: Le fils de Buddha, le fils de *Joma* et de Ila; fameux pour avoir, le premier, produit le feu par friction de deux pièces de bois et de l'avoir fait (le feu) *triple*.

PURUSHA. — Sansk.: L'homme; *homme céleste*. Esprit, le même que Nârâyana sous un autre aspect: le *Soi* spirituel.

PURUSHOTTAMA. — Sansk. lit.: Le meilleur de l'homme; métaphysiquement c'est, en quelque sorte, l'âme suprême de l'Univers; un titre de Vishnu.

PURVASHADHA. — Nom du Nadi, qui part ou s'étend de l'oreille droite.

PURVABHADRAPADA. — Une des maisons Lunaires.

PUSHAN. — Sansk.: Divinité Védique. La Philosophie ésotérique décrit son pouvoir. En parlant de lui, le *Taittriviya Brahmana* dit que quand Prajapati formait la vie des êtres, Pushan les nourrissait.

PUSHKALA ou *Puskola*. — Feuille de palmier préparée pour recevoir de l'écriture, employée à Ceylan. Tous les livres primitifs sont écrits de la sorte.

PUSHYA. — Une des maisons lunaires.

PYTHONISSE. — Ce terme dérive du mot Python (serpent monstrueux qui fut tué par Apollon, d'où le surnom de *Pythien*, donné à ce dieu). Il sert aussi à désigner des prophétesses: la pythonisse d'Endor fit apparaître devant Saül l'ombre de Samuel.

On nommait Pythées ou Pythonisses les prêtresses du temple d'Apollon à Delphes.

Q

Quabbale, Kabbalah et **Cabbale**. — L'académie écrit caballe, avec un seul b, mais il en faut deux, d'après l'étymologie hébraïque. — Ce terme, pour un grand nombre de personnes, est synonyme d'arts magiques, de satanisme, ce qui est complètement faux.

Le mot Kabbalah signifie : Je reçois, en latin *accipio*, c'est-à-dire : *Je reçois sans discussion, et j'accepte, parce que c'est la tradition ;* ce que Jean Chrysostôme répondait à ceux qui lui demandaient ce qu'était la Kabbale justifie l'explication ci-dessus donnée ; il disait en effet : c'est la Tradition, ne m'en demandez pas davantage !

Pour définir plus largement et plus complètement ce terme, nous dirons : La Kabbale est la tradition orale de la Doctrine ésotérique ou cachée des anciens juifs et non révélée au peuple ; c'était la mystique et la philosophie juives.

La Kabbale, depuis l'époque de Moïse, ne fût révélée que de bouche à bouche, aux Prophètes, aux grands Prêtres et aux Docteurs de la Loi.

QUABBALE (suite)

Jusqu'à peu d'années avant J.-C, les juifs connaissant la Kabbale étaient fort peu nombreux. J.-C. reprochait aux Docteurs et aux Pharisiens d'avoir altéré la tradition et d'imposer aux autres des vérités qu'ils ne pratiquaient pas eux-mêmes. (*St-Luc XI*).

Le chevalier Drach, fils d'un Rabbin converti au Christianisme, nous dit la tradition, écrivit, par ordre de Dieu, 72 livres de Kabbales, mais il était défendu de les copier et de les livrer au peuple. — Ces 72 livres d'Esdras furent égarés au moment de la prise de Jérusalem et de la dispersion définitive des Juifs, et ce ne fut qu'entre le premier et le second siècle que, par R. Siméon ben Jochaï, son fils ou son disciple qu'on put recueillir une partie de ses livres et les mettre en écrits, et parmi ceux-ci se trouva le ZOHAR, ou *le livre de la Splendeur*. — Au XVIe siècle, Pic de la Mirandole acquit d'un Juif un manuscrit ou Commentaire du Zohar duquel il tira ses thèses cabalistiques, si célèbres. Il avait payé ce manuscrit sept mille ducats. — Après lui, Paul de Ricci s'occupa aussi de Kabbale; enfin, Knorr de Rosenroth, publia sa *Kabbala denudata*, qui fût condamnée par le St Office. Ajoutons que ce dernier texte possédait des adjonctions et des interpolations qui avaient altéré le texte primitif. Il y avait même des formules de Goëtie et des attaques contre le Messie et le catholicisme, ce qui fit certainement condamner le livre de Rosenroth.

Au cours des siècles, la Kabbale a reçu des changements considérables, qui ont modifié le texte primitif de R. Siméon ben Yochaï ou de son fils et de ses disciples.

La Kabbale comporte trois grandes divisions: la *Gemetria*, la *Notaricon* et la *Thémurah*. — Cf. — Le GLOSSAIRE DE LA DIVINATION, de la Magie et de l'Occultisme, de E. Bosc.

QUATERNAIRE. — Premier nombre carré et parfait, qui est la source de toutes les combinaisons numériques et le principe de toutes les formes: affirmation, négation, discussion, solution, telles sont les quatre opérations philosophiques de l'esprit humain. La discussion concilie la négation avec l'affirmation, en les rendant nécessaires l'une à l'autre. C'est ainsi que le Ternaire philosophique se produisant au Binaire ontogonique se complète par le Quaternaire, base carrée de toute vérité. (Éliphas Lévi, *Dogme et Rituel de haute Magie*, vol. 1, p. 149).

R

RADHA. — C'est le nom de la plus belle des Gopis; c'est aussi le nom de la femme de Dricerata, qui éleva, après l'avoir recueilli, Karna, fils de Kounti.

RAGA. — Manifestation de l'Esprit qui s'attache à conserver les jouissances. C'est aussi un des modes de la musique.

Au pluriel, Ragas, ce terme désigne les génies hindous, qui président aux modes musicaux. Les Ragas, au nombre de six, sont fils de Saraçouti; ce sont: Bhairava, Malava, Sriraga, Pindala, Dipaca et Megha.

Ce terme désigne aussi une des cinq *Kleshas* (afflictions) dans la Philosophie yoga de Patanjali. Dans la *Sankhya Kârikâ*, c'est l'obstruction, dénommé amour et désir dans le sens physique et terrestre. Les cinq Kleshas (afflictions) sont: *Avidya*, ou l'ignorance; *Asmitâ*, l'égoïsme ou Je suis moi; *Raga*, l'amour *Dwesha* et *Abhinivesa*.

RAGHINIS. — Nymphes hindoues de la musique; elles sont au nombre de trente et conduisent, de concert avec les Gandharvas et les Kinnaras, la danse des Sphères et des Astres.

RAHASYA. — Le nom d'un Upanisad. Lit.: Secrète essence du Savoir.

RAHAT. — Synonyme de Araht; l'adepte qui est entièrement libre de tous désirs sur ce plan pour acquérir le divin savoir et pouvoirs.

RAHOU. — L'un des Asuras, qui s'étant glissé parmi les dieux, parvint à dérober l'Amrita pour se rendre immortel. Ayant été aperçu par Vishnu, celui-ci lui coupa la tête. Mais comme Rahou avait porté l'Amrita à ses lèvres, sa tête était devenue immortelle, aussi devint-elle une constellation.... dont l'influence est néfaste.

RAJAS. — Mélange d'impureté et d'obscurité, ou, dans d'autres cas, passion ou indifférence.

RAJA SURIA. — Sacrifice, qui accompagne la cérémonie du sacre royal.

RAJA-YOGA. — Sansk.: Le véritable système du développement des pouvoirs psychiques et spirituels et l'union avec son Soi supérieur. C'est l'exercice de la régularisation et de la concentration de la pensée. La Raja-yoga, est l'opposé de la Hatha-yoga, c'est l'entraînement du physique.

RAKCHAS ou **RAKCHASAS**. — Génies malfaisants qui revêtent toutes sortes de formes; ce sont pour ainsi dire les vampires de la Mythologie hindoue. Ils sont innombrables.

RAKA. — Sansk.: Le jour de la pleine lune favorable pour les pratiques occultes.

RAKCHASIS. — Femmes de Rahkchasas.

RAKSHA. — Sansk.: Un amulette préparé durant la nouvelle lune.

RAKSHASAS. — Sansk.: Dans la superstition populaire: mauvais esprits, démons. Esotériquement, ce sont les *Gibborim* (géants) de la Bible; les Atlantéens.

RAM. — Jeune Druide qui, de bonne heure, avait montré des dispositions remarquables et une aptitude singulière dans toutes les connaissances humaines. Il semblait deviner et voir les choses lointaines. (*Cf. Dictionnaire d'Orientalisme et d'Occultisme*, V° *Ram*.)

RAMA. — Sansk.: La septième incarnation de Vishnu, le plus ancien fils du roi Dasaratha de la race solaire. Son véritable nom est Rama-Chandra; c'est le héros du *Râmâyana;* il épousa Sita qui est l'avatar féminin de Lakshmi, femme de Vishnu, et qui avait été enlevée par

Ravona, le roi démon de Lanka, d'où le point de départ de la fameuse guerre.

RAMBHA. — Reine des Apsaras, qui naquit comme Laskhmi, de l'écume de la mer.

Dans l'Inde, Laskhmi est la déesse des plaisirs et de l'Amour.

RAPS. — Terme anglais, utilisé dans des pays divers, mais surtout en Amérique, pour désigner les coups frappés dans une table, un guéridon, dans un meuble quelconque, dans les séances spirites et cela par l'intermédiaire d'un médium typtologue.

RASA. — Sansk.: Le mystère-danse composé par Krishna et ses gopis les bergères, représenté dans les festivals annuels, le jour spécial de Rajastan.

RASANA. — Organe du goût.

RAYI. — Phase négative de la matière, distincte de la phase positive par ses impressions. En fait, c'est le réfrigérant de la matière animée, tandis que la chaleur est dénommée Pranâ.

RECHAKA. — Une des pratiques du Pranayama, qui consiste à chasser l'inspiration des poumons. — On trouve fréquemment cette expression dans les livres sacrés de l'Inde. On l'emploie parfois dans le sens de Prâna. Cf. *Traité de Yoga,* par Ernest Bosc.

RESPIRATION. — Acte de respirer, auquel on n'attache de nos jours, surtout en Occident, que peu d'importance, qu'une importance relative. Au contraire, dans l'Antiquité, chez les Egyptiens, par exemple, on attachait à l'acte de la respiration une très grande importance. On renfermait même dans le cercueil de la momie *le Livre des Respirations,* comme une sorte de talisman, et un viatique à l'usage du voyageur de l'Au-delà. Pour d'autres détails, voyez le *Livre des Respirations,* par E. Bosc et *Isis Dévoilée,* 2ᵉ édition, *passim.*

REVATI. — Une des maisons lunaires.

RICHI. — Personnage de la Mythologie hindoue, sorte de patriarche divin. On divise les Richis en trois classes principales: les *Maharichis* ou grands Richis; les *Devarichis* ou les divins Richis. Ce terme s'écrit aussi « Rishi ».

RISHI. — Les Rishi sont les *Voyants* de l'Inde; des sages ou des philosophes aussi profonds dans leurs connaissances et aussi clairvoyants que les Sages ou Voyants des temps anciens.

Les Rishi disent savoir et connaître des choses qui dépassent de beaucoup les connaissances ordinaires de l'humanité.

Rita. — Ce terme exprime l'idée d'ordre, de loi, sous sa forme la moins fixe, la plus mythique. L'Aurore suit l' « Avrata » (c'est-à-dire la nuit, l'obscurité), qui sont appelées les mères de Rita, de même que le ciel, la terre, l'étendue que le ciel et la terre occupent, est appelée la *matrice de Rita*.

Ritambhara. — Faculté de perception psychique, par laquelle les réalités des choses sont connues avec beaucoup de vérité et d'exactitude, de même que les choses extérieures sont connues par la perception ordinaire.

Rohini. — La quatrième maison lunaire.

Rupa. — Le corps matériel de l'homme, le premier principe qui entre dans la constitution de l'homme parfait.

Rupa-Loka. — Le monde des formes, c'est-à-dire des Ombres peu spirituelles, qui possèdent une forme et de l'objectivité, mais pas de substance.

Rutas. — Anciens peuples de la plus haute Antiquité, qui possédaient une vaste science, dont les savants hindous anciens peuvent passer avec raison comme les derniers héritiers.

Sa. — Symbole du progrès de l'Inspiration. On désigne de même Sakti, qui est une modification de l'Hylozoïsme (matière animée).

Sabda Brahman. — Sansk. Le logos non manifesté. — Les vibrations de l'aither diffusées dans l'espace.

Sabha. — Sansk. Une assemblée, une place pour une réunion publique, ce terme est synonyme de *Maha Sabdha*.

Sacha Kiriya. — Sansk. Pouvoir qui ressemble à un mantram magique des Brahmanes. C'est une sorte d'énergie miraculeuse qui peut être pratiquée par certains Adeptes sans le secours de personne. Il est très efficace quand il est accompagné de méditation. (*Bhavâna*). Ce pouvoir consiste dans la récitation d'un acte de foi accompli dans une création quelconque. Ce pouvoir dépend en réalité de l'intensité de sa propre volonté, ajouté à la foi absolue en ses pouvoirs. On le dénomme en philosophie orientale: le pouvoir du mérite ou de la sainteté de la vie.

SADHAKAPITA. — Température du cœur, qu'on prétend être la cause de l'intelligence et de l'entendement.

SAGARDAGAN. — Un des quatre sentiers du Nirvana.

SAHA. — Lit. Le monde de la Souffrance.

SAHARASKSHA. — Sansk. Le feu des asuras; le nom des fils de Pavana, un des trois chefs cachés du feu.

SAINT-MARTIN. — Théosophe français, né en 1743 à Amboise; disciple de J. Bœhme et traducteur de quelques-unes de ses œuvres. Il se nommait le Philosophe Inconnu. C'est un brillant écrivain, un grand mystique, qui, une fois retiré de l'armée, poursuivit à Paris ses études théosophiques, pendant la Révolution. — Il fonda une Loge maçonnique: le Rite Rectifié de St Martin, qui comportait sept degrés ou Grades. — Il existe de nombreuses Biographies du Philosophe Inconnu. Voy. MARTINISME.

SAKTI. — Force, énergie, puissance, etc., car, suivant le mot avec lequel ce terme est accouplé, il a les significations les plus diverses. — Cf. *Dictionnaire d'Orientalisme, d'Occultisme et de Psychologie.*

SAMADHI. — Etat de catalepsie, de trance

toute particulière. — Voyez le *Livre des Respirations*, page 111.

SAMANA. — Manifestation de la vie dans l'abdomen qu'on dit être cause de l'absorption et de la distribution des aliments dans le corps.

SAMBHU. — Un des noms de Shiva, le principe mâle; la phase positive de la matière.

SAMPRAJNATA. — Genre de Samadhi, dans lequel l'application mentale est récompensée par la découverte de la vérité.

SANDHI. — Ce terme est synonyme de *Sushumna*; c'est la conjonction de deux Tatwas, des deux phases (positive et négative) de toute force.

SANKASHARIA. — Synonyme de Vasana; acquisition de vitesse, de tempérament.

SANKARAT-CARYA. — Célèbre personnage, connu surtout pour avoir persécuté les Bouddhistes; il périt misérablement.

SANKARATCHARYA. — *Sansk.* Le sankaratcharya donne au Buddhi totalement développé une puissance, un pouvoir dénommé *Kriyasakti*, lequel pouvoir permet à celui qui le possède d'extérioriser sa pensée ou de créer directement. C'est par ce moyen que l'homme primordial perpétuait son espèce et que certains adeptes des sciences occultes (Hauts adeptes) produisent certains phénomènes de matérialisation.

SARAWASTI. — Déesse de l'éloquence.

SAT. — Premier état de l'Univers, dans lequel se trouvent à l'état latent toutes les formes de la vie.

SATIAM ou SATYAM. — Ce terme signifie vrai, il est trisyllabique : Sa, ti, am ; la première et la dernière syllabe signifient vrai ; *ti* le faux qui, entouré de vrai, est en devenir de vrai.

SATTWIKA. — Partie spirituelle de l'esprit passionnel dénommé en Sanskrit *Radjasa Ahankaram*.

SATYA. — La Vérité, la Véracité.

SAVICHARA. — Intuition méditative, c'est-à-dire survenant à la suite d'une profonde méditation et concentration de l'esprit.

SAVITARKA. — Genre d'intuition qui procède de la parole.

SHAMAVEDAM. — Science des Augures et de la Divination chez les Brahmanes.

SHANGNA (robe de). — Métaphore, qui désigne l'acquisition de la Sagesse avec laquelle on peut entrer au Nirvanâ de la destruction (de la personnalité). — C'est la robe d'initiation du Néophyte.

SHANKINI. — Nadi, dont les ramifications vont à l'anus.

SHASTRAS. — Livres sacrés des Hindous.

SHATABHISHAJ. — Une des maisons lunaires.

SHROTRA. — Phase auditive de la vie de la matière.

SIDDHASANA. — Une des postures du Yoghi. — Cf. *Livre des Respirations*, page 108; et le *Traité de Yoga*, page 62.

SIDDHI. — Faculté psychique; pouvoirs anormaux de l'homme, desquels «la voix du silence» dit qu'il y a deux sortes de Siddhis: un groupe contient les énergies psychiques et mentales inférieures, grossières; l'autre exige le plus haut entraînement des pouvoirs spirituels.

SKANDHAS. — Ce terme, à quelques différences près, peut être considéré comme synonyme de Tatwas. — Voyez ce mot.

C'est aussi un groupe d'attributs; toute chose finie, inapplicable à l'Eternel et à l'Absolu. Il y en a cinq (ésotériquement 7) attributs dans toute existence humaine, qui sont connus comme les *Panchas Skandhas*. Elles sont: 1. forme (*Rupa*); 2. perception (*Vidâ-*

na); 3. Conscience (*Sunjnâ*); 4. Action (*Sankâra*); 5. connaissance (*Vidyana*). Elles sont unies à la vie de l'homme et constituent sa personnalité. Après la maturité, ces Skandhas sont dissoutes et détruites par *Jarâmarand*, (la décrépitude et la mort).

SMIRITI. — Faculté de la mémoire.

SOLAIRE (*système*). — Un système solaire est un ensemble constitué par sept chaînes d'évolution, dont l'activité est plus ou moins simultanée, et qu'on dénomme : *chaînes planétaires*.

Une chaîne planétaire est un système analogue au nôtre et qui est formé de sept globes, dont l'inférieur est notre terre, qui est le globe le plus matériel, le plus bas de notre chaîne terrestre. Comme les autres chaînes, ses sœurs, elle possède sept globes, dont les dix autres sont invisibles à nos yeux physiques, parce qu'ils sont placés sur des plans supérieurs au plan physique.

Le système solaire est créé (manifesté) par un Logos (Dieu manifesté) et régi par lui pendant une période de temps déterminée, dénommée *Maha-Kalpa*, (voy. ce mot).

SOONIAM. — Cérémonie magique au moyen de laquelle on se propose de transférer la maladie d'une personne à une autre. Ce peut être un acte de magie noire, mais cette cérémonie, pratiquée dans une intention bienveillante, ne saurait être considérée comme une mauvaise action d'autant qu'on peut facilement guérir la personne qui a subi le transfert.

Sowam. — Pali. Le premier des quatre sentiers qui conduisent au Nirvana, dans la pratique de la Yoga.

Sthalipaka. — Orge ou riz cuit dans du lait qu'on emploie souvent comme offrande, dans les cultes de l'Inde.

Sthula ou Sthule. — La matière. — Le Plan Sthulique est le Plan Physique.

Sthula-Sharira. — Eléments grossiers du corps humain, tout à fait différents, par conséquent, des principes subtils.

Stratiotisme. — Troisième grade de l'Initition Gnostique.

L'officiant fait sur le front du Récipendiaire un T (tau) en disant au Récipiendaire: *Huc accede et accipe signum Sanctissimi Pleromatis et miles intra inter Fratres ut bonum certamen certes.*

En ce moment l'officiant lui dit encore: *Accipe osculum charitatis et tibi tua peccata remi-*

tantur. Hoc est signum peccatorum redemptionis.

Il remet alors au récipiendaire un abrasax sur lequel est gravé un signe gnostique (voy. *Abraxas.*)

Sukha. — Sensation de plaisir.

Suparna. — Nom d'un oiseau, le même probablement que Garoudha, qui sert de monture à Vishnu.

Surya. — Le soleil.

Suria-Loka. — Sphère solaire.

Suriamandala. — Portion de l'espace, qui se trouve être sous l'influence des rayons solaires.

Sushumna. — Nadi, qui se trouve au milieu du corps. — Moelle épinière et ses ramifications.

Sushapati. — Sommeil sans rêves; état de l'âme, quand les manifestations de l'esprit sont sans suite dans le rêve.

Svapna. — Le rêve

Swadishtana Tchakra. — Ce terme désigne un certain foyer du corps astral sur lequel le Fakir concentre son âme et utilise son action, quand il veut développer le phénomène de la végétation native.

Swara. — Le grand souffle, le courant de vague de la vie.

Swarga. — Etat heureux dans un certain lieu (Urdhwaloka) où Jivatma jouit d'un bonheur sans mélange, revêtu d'une sorte de corps glorieux, après la séparation du corps.

Swastika. — Sansk.: Croix de Jaina ou croix cramponnée, c'est-à-dire à quatre crochets.

Dans les Œuvres maçonniques, le plus ancien Ordre des Frères de la croix mystique qu'on croit avoir été fondé par Fohi 1027 av. J.-C. et introduit en Chine 52 ans plus tard.

Dans la Doctrine Esotérique, c'est le plus ancien et le plus mystique Diagramme. C'est un signe très occulte et la source originelle du feu par Friction, et le 49° feu.

Ce symbole était tracé sur le cœur de Buddha et dénommé aussi à cause de cela: *Le Sceau du cœur*. Il est mentionné dans le Râmâyana....

Swati. — Une des maisons lunaires.

Swatiskasana. — Sansk.: Terme qui désigne le *Soi* produisant spontanément ou l'Existant par lui-même. — C'est le qualificatif de Brahma; c'est aussi le nom du premier Manou.

T

TAD-AIKYA. — Sansk. — Ipséité. Identification ou Unité avec l'Absolu; l'universelle essence Inconnaissable (Parabrahm).

TAIJASI. — Sansk. — La radiante flamme du feu *Tejas;* employé quelquefois pour désigner le *Manasâ-Rupa*, la forme-pensée et les Etoiles aussi.

TAIRYAGYONYA. — Sansk. — La cinquième création ou mieux le cinquième stage de la création dans lequel furent créés les animaux inférieurs, crapauds, serpents et autres reptiles.

TAMALA PATRA. — Sansk. Vie pure et sans tache. Ce terme désigne aussi le nom d'une feuille de *Laurus Cassia*, arbre qui est considéré comme ayant des propriétés occultes et magiques.

TAMAS. — Ce terme est synonyme de AVIDYA. — Voyez ce mot. Tout ce qui a un caractère d'obscurité, d'ignorance et d'inertie, en tant que matière. C'est aussi la plus basse des trois Gunas ou qualités fondamentales.

TAMASA-AHANKARAM. — Vie matérielle.

Tantras. — Série de Traités sur la science du corps humain et sur l'âme; ils comprennent une grande partie de la Yoga.

Tantrikas. Cérémonies en connexion avec le culte élevé. Sakti ayant deux doubles natures, blanche et noire, bonne et mauvaise; les saktis sont divisés en deux classes: les Dakshinâchâris et les Vâmâchâris ou les côtés droits et les côtés gauches, c'est-à-dire les magiciens blancs et noirs. Le culte de ces derniers est très licencieux et immoral.

Tapas. — Abstraction, méditation. Pour l'accomplir, il faut se mettre en état de méditation et de contemplation.

Voila pourquoi les Ascètes sont appelés *Tapasas*.

Tapasa-Taru. *Le Sesamund orientale*, un arbre très sacré parmi les Ascètes anciens de la Chine et du Tibet.

Tapasvi. — Ascètes et anachorètes de diverses religions: Buddhistes, Brahman et Taoïstes.

Tapo-loka. — Le domaine des génies du feu, nommés *Vairajas*. On sait que le monde à sept stages et aussi le royaume de la pénitence l'Un de Shasta-loka (le sixième), au-dessus de notre monde qui est le septième.

TARA. — Sansk.: La femme de Brihaspati (Jupiter), enlevée par le roi Soma, la lune par suite de quoi la guerre fut déclarée par les Dieux contre les Asuras. Târâ personnifie le savoir mystique en opposition à la foi ritualiste. Elle est la mère (partoma) de Buddha la Sagesse.

TATWAS. — Eléments au nombre de sept, mais que l'homme n'aperçoit qu'au nombre de cinq, par suite de ses sens encore incomplets. En Esotérisme, ce terme paraît désigner, comme nous allons le voir, les forces subtiles de la Nature: aither, électricité, magnétisme, aura, son, fluide, etc.

Pour définir et bien faire comprendre les Tatwas, nous ferons un emprunt à un livre hindou, fort ancien, au *Sivagama;* il est écrit dans ce livre: « Parvati, l'épouse de Civa, dit au Seigneur: Sois assez bon pour me donner quelques informations sur l'Univers? — Par quelle cause est-il venu à l'existence? Qui l'entretient dans cette existence? Qui le perpétue dans sa durée? Enfin, comment finira-t-il? »

Et le Seigneur s'en rapportant aux forces

subtiles de la Nature et ne s'occupant nullement des forces matérielles, le Seigneur répond : « L'Univers est composé par les Tatwas au nombre de cinq. »

Disons en passant que ceci rappelle tout à fait le Poïmandres d'Hermès Trimégiste et son dialogue avec Thoth : « Le Seigneur des écrits sacrés » (1).

Les Tatwas, avons-nous dit, sont au nombre de sept, d'après le *Sivagama* ; de cinq et même de quatre seulement, suivant quelques auteurs, qui confondent l'aither et la chaleur en un seul et même Tatwas. — Ceux de nos lecteurs qui désireraient de plus longs détails sur les Tatwas les trouveront développés en dix pages dans le *Dictionnaire d'Orientalisme et d'Occultisme*.

TATWAGNIANI. — Celui qui connaît ou discerne, du moins, les principes de la Nature ou de l'homme, comme l'Atmagnyani est celui qui connaît l'Atman ou Soi-Universel Unique.

TEJAS. — Nom d'un Tatwas. — Voyez ce mot

---

(1) On peut lire ce dialogue, pages 43 à 45, dans *Isis dévoilée ou l'Égyptologie sacrée*, 1 vol. in-12, Paris, H. Chacornac. — Ce volume est une encyclopédie véritable sur l'ancienne Égypte. En effet, l'auteur y passe en revue tout ce qui concerne l'Occultisme les usages, mœurs et coutumes des anciens Égyptiens.

et les chapitres IV et suivants du *Livre des Respirations*, 2ᵉ édition, de E. Bosc, Paris.

Tharaka. — Ce terme sert à désigner les conséquences qu'on tire des faits, mais qui ne sont pas contraires aux Védas. — Conduit lunaire, c'est-à-dire conduit du souffle, dénommé aussi : Sentier lunaire.

Tirthankara. — Saints Jaïnas et chefs au nombre de 34, dont l'un d'eux fut, dit-on, le Guru spirituel de Gautama le Buddha.

Tiryahsrota. — Sansk. : Le nom de la création, par Brahma, des hommes et des choses dont l'estomac est en rapport avec la position debout ; invention puranique.

Tishya. — Sansk. : Ce terme est synonyme de Kaliyuga ou l'âge noir, le 4ᵉ âge.

Titiksha. — Sansk. : Ce terme signifie lit., *longue souffrance*. Titiksha est fille de Daksha et femme de Dharva, qui personnifie la loi Divine.

Toulsi. — Plante qui est l'objet d'un culte spécial dans l'Inde ; toute maison hindoue renferme au moins une plante de toulsi.

Quand l'Hindou est appelé à prêter serment devant un juge, un Brahmane lui remet une feuille de Toulsi qu'il doit manger en plein tribunal.

TRAILOKYA ou **TRILOKYA**. — Sansk.: Ce terme signifie litéralement les trois régions ou mondes; la triade complémentaire du quaternaire Brahmanique des mondes dénommés *Bhuvanatraya*.

Le trailoka des Buddhistes sont purement spirituels.

TRANSHANKA. — La trentième partie du signe du Zodiaque.

TRATAKA. — Exercice pratiqué par les Yogis, qui consiste à modifier les axes de la vue pour suspendre les mouvements respiratoires. — Voyez le *Livre des Respirations*, 2ᵉ Edition, Paris, 1905.

TRATI. — Division du temps; il faut 150 tratis pour faire une seconde. — C'est aussi une mesure de l'espace.

TRETA. — Le second Cycle de la Chaturyuga, qui comprend 3.600 ans divins.

TRITHAKAS, **TIRTHYAS** ou **TRITHIKA**. — Professeur ou maître hérétique, c'est-à-dire qui n'enseignent pas l'orthodoxie. Les ascètes Buddhistes appliquent cette épithète aux Brahmanes et à une certaine catégorie de yogis hindous.

Turiya. — Quatrième état de conscience.

Les trois premiers sont: le réveil, le rêve et le sommeil.

Tvak. — La peau.

Typtologue. — Voyez *Médium*, § Typtologues.

U

Ubiquité. — Faculté, don de pouvoir se trouver en plusieurs endroits à la fois. Le plus simple don d'ubiquité est la *bilocation*. Ce terme a été imaginé par l'Eglise catholique pour désigner le don particulier qu'ont eu certains saints de se trouver simultanément en deux endroits ou localités différentes. Alphonse de Liguori, fondateur de l'ordre du Saint-Rédempteur pour les pauvres, aurait eu le don d'ubiquité ou de bilocation. Une telle expression prise à la lettre serait une absurdité, car il n'est pas possible à un même moment d'occuper deux points de l'espace. La bilocation n'est donc qu'un fait d'extériorisation, aujourd'hui bien connu, qui permet à une individualité endormie ou à un médium de laisser son corps dans un lieu quelconque et de paraître ailleurs avec son corps astral assez matérialisé pour produire l'illusion du corps véritable.

UCHCHAIH. — SRAVA. Le cheval-modèle, l'une des 40 choses précieuses ou joyaux produit pendant le barattement de l'océan par les Dieux. Le cheval blanc d'Indra dénommé le Roi des chevaux.

UCHNICHA et BUDDHOCHNICHA. — Protubérance du crâne de Buddha, formant une touffe de cheveux. Les orientalistes donnent une description curieuse de celle-ci variée dans ses formes. L'Uchnida était primitivement un cône ou une flamme formée par une touffe de cheveux sur le sommet de la tête de Buddha. Dans les derniers temps, elle représentait comme une excroissance charnue sur son crâne.

UDANA. — En philosophie, ce terme s'applique aux organes physiques de la parole, tels que la langue, la bouche, la voix, etc. Dans la littérature sacrée en général; c'est le nom des Sutras, qui renferment les discours anciens en distinction des sutras, qui contiennent seulement la matière subjective introduite par questions à Gautama Buddha et ses réponses.

UDAYANA. — Moderne Peshawer, la terre classique de la sorcellerie, suivant Hiouend-Thsang.

UDAYANA (Rajask). — Un roi de Kausambi appelé Natsarâjâ qui, le premier, a possédé une statue de Bouddha faite avant la mort de celui-ci.

UDRA RAMAPUTRA. — Udra, fils de Rama. Un ascète Brahman qui a été pendant quelques années le guru de Gautama Bouddha.

UDUMBARA. — Lotus de taille gigantesque, consacré à Buddha : le *Nila Udumbara* ou lotus bleu, regardé comme un présage surnaturel quand il est en fleur, mais il ne fleurit qu'une fois chaque 3.000 ans.

ULLAMBANA. — Le festival des âmes, le jour prototype de toutes les âmes sur les terres chrétiennes...

ULUPI. — La fille de Kauravya, roi des Nagas en Pâtâla. — Exotériquement, c'est la fille du roi ou chef des tribus aborigènes des Nagals ou Nagas (anciens adeptes) de l'Amérique préhistorique.

Uma-kanya. — *Lit.:* Vierge de lumière; un titre honorifique, comme celui de Durgakali, la déesse ou l'aspect féminin de Shiva.

Union des mains. — Cérémonie qui, d'après les lois de Manu, n'était prescrite qu'aux fiancés de la même caste. L'union des mains était un des trois modes de mariage usités dans l'Inde; c'est ce mode de mariage qui a servi de base à la légende de Çakuntala, racontée tout au long dans le *Mahabharata* (1).

Univers manifesté. — Œuvre d'un Logos, qui sortant des profondeurs de *l'Existence-Une*, de l'Un inconnaissable (2), s'impose à lui-même une limite et circonscrit volontairement l'étendue de son *Être propre* et devient le Dieu manifesté (3). — En traçant la sphère-limite de son activité; il délimite du même coup la surface, l'aire (4) de son Univers; et c'est dans cette sphère, que cet Univers *naît, évolue* et

---

(1) Cf. *Addha-Nari ou l'Occultisme dans l'Inde antique* chap. VI, page 64, où le lecteur trouvera tout au long cet épisode ainsi que les deux autres modes de mariage : celui des Gandharvas ou mariage par simple consentement mutuel, et celui des Rakchasas, mariage par enlèvement.
(2) Premier Logos ou premier aspect de la manifestation de l'Absolu.
(3) Deuxième Logos.
(4) Espace compris dans des lignes.

meurt. — La matière de l'Univers est l'émanation du Logos; la force et les énergies de l'Univers sont les Courants ou Vagues de sa vie.

UPADANA-KARANA. — On dénomme ainsi dans la mythologie hindoue, la cause matérielle (la base); elle ne peut exister sans Parabrahm, comme étant son attribut ou *Sharira*. Par base matérielle il faut entendre ce qui fait le fond d'un objet; une pièce d'orfèvrerie, par exemple, a pour base, pour Upadanakarana: l'or; une pièce d'argenterie: l'argent; un vase de terre: l'argile.

UPADIS ou UPADHIS. — Enveloppes, fourreaux, substances; c'est l'écorce, la coque du corps humain. Mais à part cet upadhi extérieur, nous possédons des upadhis intérieurs, que nous ne connaissons pas, pour ainsi dire, bien que leur existence soit de toute évidence. Nous ne voyons, ni ne sentons pour ainsi dire pas l'air dans lequel nous sommes plongés. Ces upadhis sont, du reste, des matières subtiles.

Les *Upadhis* peuvent être envisagés dans leur concordance avec les quatre conditions de *Prâna;* en *Djagrata* la veille, en *Sushupati*, le sommeil, la léthargie; en *Samadhi*, l'extase, la catalepsie, la trance; l'Inconscient domine la monade spirituelle. Enfin en *Svapna*, le rêve, le somnambulisme.

Base; le véhicule, de quelque chose sans autre matériel que lui-même: comme le corps humain est l'Upadhi de son esprit, l'aither, l'upadhi de la lumière, etc., etc., le moule; la substance définie ou limitée.

Voy. *Skandhas* et *Tatwas*.

UPANISHAD. — Livres révélés; ayant révélé la signification ésotérique des *Védas*, autres livres sacrés. Les Upanishad présentent l'aspect métaphysique de l'Hindouisme, religion du noyau primitif aryen, d'où sont sorties les Religions. Cf. — *Dictionnaire d'Orientalisme, d'Occultisme et de Psychologie*. 2 vol. in-12 illustrés, Paris.

Traduit comme *Doctrine Ésotérique* ou interprétation des Védas par les méthodes Védantines. — La troisième division des Védas qui concerne les *Brahmanas* et touche à la portion des *Sruti* ou Révélations.

UPANITA. — Celui qui est investi du cordon Brahmanique, *lit.*: celui qui est enseigné par un maître spirituel ou Guru.

UPARATI. — Absence de tout désir.

UPASAD. — Solennité, qui forme une partie

de la liturgie du sacrifice nommé Jyotishtoma. Les observances consistent à boire du lait de moins en moins, à dormir sur le sol, pratiquer la continence et le silence.

(L'UPANISHAD, *in La haute science,* page 595, note 1.)

UPASAKA. — Chelas ou autres dévots. Celui qui, en dehors de la prêtrise, exécute les principaux commandements.

UPASIKA. — Chelas femelles ou dévotes.

UPASRUTI. — Suivant les Orientalistes, voix surnaturelle qui révèle la nuit les secrets de la vie future. Suivant l'occultisme, la voix d'une personne à distance; généralement celui qui est versé dans les mystères des enseignements ésotériques, ou un adepte qui est doué de projeter à la fois sa voix et son image astrales à une personne quelle que soit la distance. L'Upasruti peut révéler les secrets du futur ou peut seulement informer une personne et lui adresser quelques faits ordinaires du présent; mais l'*Upasruti* peut être encore le double ou l'écho de la voix d'un homme ou d'une femme en vie.

UPEKSHA. — *Lit.*: Renonciation. — Dans la yoga l'état d'indifférence absolue atteint par son propre contrôle et la maîtrise complète de son mental et des sentiments et sensations physiques.

UPIERS. — Ce terme est synonyme de *Vampires*.

USANAS. — La planète Vénus ou Suhra; ou plutôt le maître de cette planète.

USHAS. — La fille du ciel; la même que l'aurore des latins et l'Eos des grecs. Elle a été mentionnée la première fois dans les Védas; son nom est aussi *Ahana* et *Dyotana* (l'illuminateur). C'est une image très poétique.

UTTARA MIMANSA. — Le second des deux mimansa (le premier étant Purva, qui forme respectivement le cinquième, le sixième des *Darshanas* ou Ecoles de Philosophie.

UTESUTURE. — Sorte de magie pratiquée chez certains peuples du nord de l'Europe.

UTTARABHADHRAPADA. — Une des maisons lunaires.

UTTARA-GITA. — Titre d'un ouvrage Tantrique.

UTTARAPHALGUNI. — Une des maisons lunaires.

V

Vach. — Vach est la personnification mystique de la parole et le *Logos* féminin étant *Un* avec Brahmâ, qui l'a créé en le tirant de la moitié de son corps, divisé en deux parties; elle est aussi avec Viraj, qui a été créée dans elle par Brahma. En un sens Vâch est le discours par la connaissance duquel, le savoir a été donné à l'homme; dans un autre sens, c'est le secret discours mystique, qui est descendu et est entré dans les Rishis du premier âge, sous la forme de langues de feu; comme on dit que les ont reçues les Apôtres.

Vacanta. — Dieu du printemps, compagnon de l'amour hindou, Kama. — Voy. ce mot.

Vaçava. — Un des surnoms d'Indra.

Vahana. — Un véhicule, un porteur de quelque chose d'immatériel et sans forme. Tous les Dieux et toutes les Déesses sont, du reste, représentés comme se servant de *vahanas* pour se manifester eux-mêmes, lesquels véhicules sont toujours symboliques. Ainsi, Vishnu durant le Pralaya *Ananta*, l'espace infini, est symbolisé par le serpent Sesha, durant les manwantaras. — Garudha, le gigantesque, moitié aigle, moitié homme, est le symbole du grand cycle. Brahmn apparaît comme Brahma, descendant dans les plans de la manifestation en cygne, dans le temps ou l'éternité bornée, Siva apparaît comme le taureau Nandi.

VAIDHATRAR. — Synonyme de Kamâras.

VAIDYUTA. — Feu électrique, le même que *Pavâka*, un des trois feux, qui divisés, produisent 49 feux mystiques.

VAIDHRITA ou VAIDHRITI. — Le vingt-septième Yoga. Il y a vingt-sept yogas dans l'écliptique.

VAIHARD. — Le nom d'un temple souterrain, près de Râjagriha, dans lequel le Seigneur Buddha se retirait généralement pour méditer.

VAIRACYA. — Indifférence aux plaisirs du monde.

VAK. — Déesse de la parole; autre nom de *Saravasti*.

VAIJAYANTI. — Le collier magique de Vishnu, imité par certains temples Brahmans. Il est fait de cinq pierres précieuses, symbolisant chacune un des cinq éléments de notre ronde; ce sont la perle, le rubis, l'émeraude, le saphir et le diamant ou l'eau, le feu, la terre, l'air et l'aither nommé l'agrégat des cinq rudiments élémentaires.

VAIKHARI VACH. — Un des noms des douze grands Dieux, d'où *Vaikhumthaloka*, la demeure de Vishnu.

VAIRAJAS. — Sansk. : Dans la croyance populaire, êtres semi-divins ; ombres de saints inconsumables par le feu ; imperméables à l'eau ; qui demeurent en Tapoloka avec l'espoir d'être transportés dans le Satya-loka, un état plus pur qui répond au Nirvana. Ce terme s'applique aussi aux corps aériformes ou ombres astrales des ascètes, mendiants, anachorètes et pénitents qui ont terminé leur course par des austérités rigoureuses. Dans la philosophie Esotérique, on les nomme *Nirmanakâyas*, Tapa loka étant le sixième plan, mais en communication directe avec le plan mental.

VAIROCHANA. — Tous illuminés. Symbole mystique, ou plutôt personnification générique d'une classe d'êtres spirituels décrite comme incorporation de la sagesse essentielle (Bodhis) et l'absolue pureté.

VAISAKHA. — Célèbre femme ascète, née à Irâvasti et nommée *Sudatla*. Elle était supérieure d'un Vihâra ou couvent de femmes Upasika et elle était connue comme ayant construit le Vihara pour Sakiamuni Buddha. Elle est considérée comme la patronne de toutes les ascètes femmes Buddhistes.

VAISHESHIKA. — Une des six *Darshanas* ou Ecoles de philosophie fondée par Kanâda. Elle est dénommée l'Ecole atomistique, parce qu'elle enseigne que l'existence de l'Univers des atomes a un caractère transitoire pour le nombre sans fin des âmes.

VALLABACHARYA. — Le nom mystique de celui qui était le chela (disciple) de Vishnu Swâmi et le fondateur de la secte des *Vaishavas*. Ses descendants sont nommés Goswami Maharâj et ont beaucoup de propriétés et de nombreux *mandirs* (temple) à Bombay. Ils ont dégénéré en une secte honteusement licencieuse.

VAM. — Symbole du Tatwa Apas, dérivé du terme Vari, synonyme d'Apas.

VAMANA-AVATAR. — Cinquième incarnation de Vishnu, sa transformation en nain..

VAMPIRES. — Coques astrales de désincarnés, qui rôdent autour des sépultures pour sucer le sang des morts et s'en nourrir; mais ils s'attaquent aux vivants pendant leur sommeil.

— Ce terme dérive certainement de Upier ou Pires, d'où on a fait Vampires.

VARAHAM-AVATAR. — Troisième incarnation de Vishnu, en sanglier. — Le géant Eroniakch avait roulé la terre et lui avait donné la forme d'un câble qu'il avait caché dans les mondes souterrains (Patalas), d'où Vishnu, en sanglier, la fit sortir en la portant sur ses défenses. — On peut voir une représentation figurée de cet Avatar, *in Dictionnaire d'Orientalisme et d'Occultisme*, page 404, tome II, Paris.

VARNA. — Caste, *lit.*: couleur; les quatre principales castes dénommées par Manu — les Brahmines, les Kshatriya, Vaisya et Sudra — sont nommées *Chatur-Varna*.

VAROUNA. — Dieu de la mer et des eaux et l'un des huit vaçous. C'est celui qui réside à l'Ouest: on le nomme aussi: *Pratcheta;* ses représentations figurées nous le montrent chevauchant un crocodile. — Voyez *Dictionnaire d'Orientalisme*, page 405, tome II.

VARSHA. — *Sansk.*: Une région, une plaine; toute portion de contrée située devant une grande chaîne de montagnes de la terre.

VASANA. — Habitude et tendance de notre esprit engendrées par notre manière d'agir.

VAYU. — Un des Tatwas: l'Aither tranquille.

VAYU-LOKA. — Région aithérée entre le ciel et la terre; c'est l'espace habité par les Invisibles: Elémentals, Elémentaires, etc.

Ce même terme désigne aussi l'espace compris entre la naissance et l'émancipation. Toutes les âmes doivent passer par le Vayu-Loka. Les bonnes âmes en sortent pour aller au Swarga. — Voyez ce mot.

VEDANA. — *Lit:* Qui dicte la loi; épithète qu'on applique à Brahmâ.

VEDISME. — Religion primitive des Hindous, basée sur la doctrine contenue dans les livres sacrés dénommés: les Védas. — Le Védisme est certainement la plus ancienne religion du monde, l'Orient ayant été le berceau des religions. — Voyez *Addha-Nari*, page 109, chapitre XIV, par E. Bosc.

VEDOVEDA. — Manifestation de Sushumna.

VÉHICULES DE L'HOMME. — Voici, d'après le système Védantin, les cinq véhicules de l'homme.

On y verra que deux sont innommés, vu leur immense supériorité:

1 .....
2 .....

3. *Anandamâya Kosha*, corps buddhique.
4. *Vignyanamâya Kosha*, corps causal.
5. *Manomâya Kosha*, corps mental.
   — — corps astral.
6. *Pranamâya Kosha aithérique*, corps physique.
7. *Anamâya Kosha Dense*, corps physique.

Les Plans ou Régions comportent sept sous-plans, nous l'avons déjà dit, ce sont :

1. Aithérique — N° 1... IVe aithérique.
2. Aithérique — N° 2... IIIe —
3. Aithérique — N° 3... IIe —
4. Aithérique — N° 4... Ier —
5. Gazeux.
6. Liquide.
7. Solide.

Terminons ce qui précède sur les Plans du Cosmos, en donnant le tableau de ses sept plans :

1. Maha-Para-Nirvânâ.
2. Para-Nirvânâ.
3. Nirvânâ-Atma.
4. Buddhi.

5. Manas.
6. Astral.
7. Physique.

Vetala. — Un mauvais esprit de l'Inde.

Vichara. — Méditation.

Vidya. — Savoir, science. Ce terme désigne aussi un talisman, qui affecte la forme d'une petite boule, auquel les Hindous attribuent la vertu de donner à celui qui la met dans sa bouche certains pouvoirs, par exemple de s'élever en l'air (lévitation) et de faire dégager l'astral d'une personne, etc., etc. — On donne le nom de *Vidyadhara* à celui qui porte un Vidya; sa femme se nomme Vidyadharis.

Vierges-Adolescents. — Entités Prométhéennes, dénommées en sanskrit : *Kumaras*. Les Kumaras sont les destructeurs des passions humaines et des sens physiques. Ils ont refusé de créer l'homme Physique, mais ils ont remplacé la forme par l'élément de l'intellect et de la soi-conscience ou conscience personnelle.

Vijnana. — Lit. : Moyen de connaissance; mais ce terme signifie aussi : la Force Psychique et ses manifestations.

VIJNANAMAYAKOSHA. — Lien Psychique dans l'esprit.

VIKALPA. — Vive imagination.

VIPALA. — Mesure du temps équivalant à deux cinquièmes de seconde.

VIPARYAMA. — Fausse science, faux savoir. Une des cinq manifestations de l'esprit, dénoncée par le sage Patanjali.

VIRAT. — Etat akasique de la matière psychique qui procède du mental Tatwique, qui constitue Manu, d'où Virat est considéré comme le père de Manu et le fils de Brahmâ.

VISHAMABHAVA. — Manifestation de Sushumna. — Dans ce genre de souffle, l'air passe tantôt par une narine et tantôt par l'autre. C'est la respiration lunaire et la respiration solaire. — Cf. Le *Livre des Respirations, passim*.

VISHANNA. — Astérisme lunaire.

VISHUVA ou VISHUVAT. — Manifestation de SUSHUMNA. — Voyez ce mot.

VAYNA. — Manifestation de la vie, qui oblige toutes les parties du corps à conserver leurs formes.

W

WITTOBA. — Sansk.: Une forme de Vishnu. Moar donne dans son Panthéon Hindou la peinture de Wittoba *crucifié dans l'espace*.

Y

YADAVA. — Sansk.: Descendant de Yada, duquel est né Krishna, qui n'était pas sous celui-ci un personnage légendaire.

YAKSHA. — Sansk.: Une classe de demidieux. Une classe de démons, qui dans le folklore indien populaire jouent un grand rôle. Dans la science ésotérique, c'étaient simplement de mauvaises influences (élémentals) qui dans la vision des prophètes et des clairvoyants descendent dans les hommes qui sont susceptibles de recevoir ces influences.

YAKSHINI. — Une classe de demi-déesses.

YAMA. — Fils de Suria et de Sati ou d'Aditi et de Kaciapa, l'un des huit Vaçous de l'Inde brahmanique. Le lieu de sa résidence est dénommé Yama-Loka.

YAMA-LOKA ou YAMA-PUR. — Enfer hindou, résidence du Vaçou Yama. Avant d'arriver dans ce lieu de ténèbres, l'âme est jugée et suivant qu'elle a suivi une des trois impulsions suivantes, elle reçoit sa direction. Si l'âme a obéi à *Satoua* (la vérité), elle s'élève vers les Swargas (cieux); mais si elle a suivi les impulsions de la passion (Raga) ou des ténèbres (Tanna), elle descend aux Enfers.

YAMUNA. — Dans la science des souffles, ce terme désigne le courant gauche du Nadi.

YASHASHWINI. — Nom du Nadi partant de l'oreille gauche.

YOGA. — Savoir, science: il y a trois sortes de science transcendante: la Hatha-Yoga (magie noire ou matérielle), la Radja-Yoga (magie royale ou passionnelle), dénommée également Magie Dévotionnelle ou de ferveur (Sakti-Yoga) et la Sattwika-Yoga (magie blanche spirituelle).

La yoga est aussi une des six Dharsanas ou Ecoles de l'Inde, une Ecole de Philosophie fondée par Patanjali, suivant la réelle Doctrine de la yoga, celle qui a été répandue pour préparer le monde à la prédication de Bouddha. — C'est aussi la pratique de la méditation comme moyen pour arriver à la libération spirituelle. — Les pouvoirs psychiques que l'on obtient pour conduire l'homme à des états extatiques, et arriver à percevoir clairement les vérités éternelles dans les deux Univers visibles et invisibles.

Yogacharya. — Sansk.: Ecole mystique. — Ce terme signifie aussi littéralement le Maître (achârya) de Yoga; celui qui est passé maître dans les doctrines et pratiques de la méditation extatique, au sommet desquelles planent les *mahasiddhis*, ou grands pouvoirs et grandes facultés. — C'est bien à tort qu'on a confondu l'Ecole yogacharya avec celle de Tantra ou de Mahatantra fondée par Samanta Bhadra, l'une est ésotérique et l'autre populaire.

Yogi-Danda. — Bâton du Brahme lévitant.

Yogi, Yoghi ou Yogui. — Homme qui a développé ou est en voie de développer sa vision intérieure et qui considère l'Univers comme une suite, une série de mouvements vibratoires. Pour le yogui, l'atome est divisible à l'infini; il n'existe pas dans la Nature de corps indivisible. Tous les éléments chimiques sont pour le yôgui des substances composées, même l'aither le plus subtil, le plus raréfié n'est qu'une série de mouvements. — Les mouvements les plus subtils, les plus élevés de l'Univers constituent ce qu'on nomme le Monde Spirituel, c'est-à-dire le Monde qui se trouve le plus proche du Nirvâna.

Le yogui est un Adepte qui est parvenu à unir son sens intime et son Buddhi individuel avec la grande âme Universelle. Un tel être est le *Saint* idéal, l'homme de génie conscient, le prêtre de l'occultisme, c'est un bienfaiteur de la Nature et son heureuse influence est résumée dans le salut des Sages : « *Soubam astou sarvadjagatam!* » c'est-à-dire « que tous les êtres soient heureux ! »

Yug et Yuga. — Long espace de temps; une division du Pralayâ ou Manwantara. — Voyez ces termes *in Dictionnaire d'Orientalisme et d'Occultisme*.

Z

Zachéisme. — Grade de l'Initiation Gnostique (le cinquième) que confère l'officiant, en faisant un T (tau), sur le front, sur la bouche et sur le cœur du récipiendaire, en lui disant :

Veni et accipiaris inter Zachœos, sicut et Je-

sus Œo, a Zachco receptus est. Et accipe baptisma Spiritui Sancti et luminis sancti.

L'officiant remet ensuite l'ABRAXAS (Voy. ce mot) qui porte gravé le signe très-mystique du grade en lui disant: « *Hoc est signum baptismatis sancti spiritui.* »

Puis il ajoute: « *Et nunc inter Zachœos Ingredere* ». (Sous entendu *potes*).

ZOHAK ou ARZI DAHAK. — Personnification du mal ou Satan, sous la forme d'un serpent à trois têtes, dont l'une est humaine.

Le *Zend-Avesta* nous apprend qu'il vit dans la région de Bauri ou de Babylone.

FIN

En Vente à la même Librairie:

BOSC (Ernest). — **Vie ésotérique de Jésus de Nazareth.** Un vol. in-8. Prix .. … … … … … … … … … 8 fr.
Vie de Jésus écrite au point de vue ésotérique, ce qui n'avait pas encore été fait.

BOSC (Ernest). — **L'Homme invisible.** Etude sur l'aura humaine, ses couleurs et ses significations physiques, morales et psychiques. Une brochure in-12 de 48 pages. Prix … … … … … … … … … … … … 1 fr.

BOSC (Ernest). — **La Chiromancie médicale de Philippe May de Franconie**, suivie d'un Traité sur la physionomie et d'un autre sur les marques des ongles. Traduit de l'allemand par P. H. TREUSCHES DE VEZHAUSEN, avec un avant-propos et une Chiromancie synthétique, par Ernest Bosc. Volume in-8 jésus, illustré de vignettes. Prix … … … … … … … … … … … … 3 fr.

BOSC (Ernest). — **Petite encyclopédie synthétique des Sciences occultes**; Alchimie, Hermétisme, Magie, Oracles, Divination, Fééries, Sybilles, Météorologie, Physique et Mystique, Kabbale, Nombres, Sociétés secrètes, Mouvement occultique contemporain, Occultisme. Un vol. in-12. Prix … … … … … … … … … … … 2 fr.

BOSC (Ernest). — **La doctrine ésotérique à travers les âges.** Symbolisme, Langue sacrée, Evolution de l'Homme, Transformisme, Races et Sous-races, Sémites et Aryens, d'Isis et d'Osiris, Livre des Morts, Renaissance, Vierges-Mères, Cosmogonies, Les Déluges, Continents disparus. 2 vol. in-12. Prix … … … … … … … … … 7 fr.

BOSC (Ernest). — **Dictionnaire d'Orientalisme, d'Occultisme et de Psychologie ou Dictionnaire de la Science occulte.** 2 forts vol. in-12, illustrés. Prix des 2 volumes... 12 fr.

BOSC (Ernest). — **Le Livre des respirations.** Traité de l'art de respirer ou Panacée pour prévenir ou guérir les maladies de l'homme. Un vol. in-18 jésus. Nouvelle édition. Prix … … … … … … … … … … … 3 fr. 50

BOSC (Ernest). — **De la Vivisection.** Etude physiologique, psychologique et philosophique. Histoire, vivisection et science. Expériences monstrueuses, crimes et infâmies. Découvertes de Pasteur. Microbiculture, incertitude, condamnation. Tremplin. Droits et science. Philosophie, morale. Un vol. in-16. Prix … … … … … … … 2 fr.

BOSC (Ernest). — **Isis dévoilée ou l'Egyptologie sacrée.** Un vol. in-12. Deuxième édition. Prix … … … … 3 fr. 50

BOSC (Ernest). — **Traité théorique et pratique du Haschich et autres substances psychiques.** Cannabis indica, Plantes narcotiques, anesthésiques: Herbes magiques, opium, morphine, éther, cocaïne, formules et recettes diverses; bols, pilules, pastilles, électuaires, opiats. Un vol. in-18 jésus. Deuxième édition. Prix … … … 3 fr.

www.ingramcontent.com/pod-product-compliance
Lightning Source LLC
Chambersburg PA
CBHW070620170426
43200CB00010B/1855